깊은
이미지

깊은 이미지

이미지 과잉 시대에
'생각하는 이미지'를 말하다

이종건 지음

궁리
KungRee

차
례

1

프롤로그

우리나라는 또 한 번의 거대한 역사적 전환기를 통과하는 중이다. 최순실 국정농단 사태 그 후, 시민들은 촛불의 힘으로 박근혜 대통령을 탄핵심판에 이르게 함으로써 정치지형에 중대한 변화를 불러일으켰다. 고은 시인은 토요일 촛불집회를 "세계사적인 사건"이라며 칭송했다.[1] 촛불집회는 2016년 10월 29일 참여자 수 3만여 명으로 시작해, 2017년 3월 10일 헌법재판소가 박근혜 대통령에게 파면을 선고한 다음 날 열린 20차

---

[1]   YTN 라디오(FM 94.5) 신율의 출발 새아침, 2017. 1. 3.

집회까지 누적 참여 인원수 1600만 명을 기록했다. 그런데 촛불집회에서 정작 경이로운 부분은 숫자가 아니라, 기록적인 인원수와 콩나물시루처럼 높은 밀도에도 참여자들이 시종일관 완전한 의미의 '비폭력 상태'를 유지해온 점이다. 많은 사람들만으로도 쉽게 격화되는 군중심리를 통제한 것은 실로 놀라운 일이 아닐 수 없다. 특히 '탈脫진실Post-Truth'[2]의 시대상황에서, 그와 같은 대규모의 평화적 정치시위는 외국인들도 믿기 힘든 사건이다.

세상이 탈脫진실의 시대에 접어든 것은 우리가 사는 세상이 뉴스마저 (시청률과 그에 따른 광고수입을 높이기 위해) 쇼가 될 정도로 온전히 미디어media화 되었기 때문이다. 브렉시트와 트럼프 미국 대통령 당선사건이 보여주듯, 모든 사회적 메시지는

---

2 '탈(脫)진실'이란 2016년 11월 영국 옥스퍼드대 사전위원회가 '올해의 말'로 선정한 낱말이다. 《가디언(The Guardian)》에 따르면 그것은 "공중의 의견을 형성하는 데 객관적 사실들이 감성과 개인적 신념에 호소하는 것보다 영향력이 작은 환경들과 관계되거나 그러한 환경들을 뜻하는" 형용사로서, "영국의 EU 국민투표와 미국 대통령 선거의 문맥에서" 사용빈도가 치솟았다. '탈(脫)진실(Post-Truth)'의 접두사 '탈(post)-'은 "특정한 상황이나 사건 이후의 시간을 가리키기보다, 특정한 개념이 중요하지 않거나 무관하게 된 시간에 속한다." 우리는 이제 진실이나 사실이 아니라 감성이나 개인적 신념이 세계를 끌고 가는 시대에 진입했다. 이성보다는 감성이 더 위력적이라는 것은, 세상이 어떤 방향으로 흘러갈지 예측할 수 없을 뿐 아니라 자칫 하나의 감정 덩어리로 내몰려 폭력, 혹은 언제든 도래할지 모르는 (어쩌면 이미 도래했을) 새로운 형태의 파시즘이 출현

---

8   깊은 이미지

미디어에 의해 조형되어 전달됨으로써 사태의 진리여부를 쉽게 알 수 없다. 더구나 이제는 '가짜뉴스fake news'가 현실정치의 구도를 바꿀 정도로 떠올라 하나의 정식화된 용어가 된 세상이다.[3] 미디어 세상을 장악하는 이미지의 힘이 더 막강하게 된 셈이다.

이미지에 의한 광고와 선동 효과는 거의 무소불위다. 말하는 내용보다는 말하는 방식이, 말보다 느낌이 더 중요하다. 이미지는 현대 선거운동에서 그 자체가 메시지다.[4] 대통령 선거는 들고 나오는 이슈들보다 출마자의 이미지(명성과 브랜드)가 결정짓는다. "메시지란, 정치인들이 투사하는 개인적 스타일과 언어, 그리고 그들이 선거인단의 접근성과 소통하기 위해 사용하는 시각적 이미지들을 포함해 모든 것을 아우르는 인상의 콜라주다. 그것은 하나의 브랜드화 형태다."[5] 선거광고가 말

<hr />

할 위험이 상존한다는 뜻이다. 영국 경제학의 거두 케인스(John M. Keynes)는 "비합리적 세계에서는 합리적 투자정책보다 더 큰 재앙을 가져오는 것이 없다"고 했다. '시장이 가장 싫어하는' 불확실성은 경제 상황을 나쁘게 만든다. 게다가 대부분의 경제전문가가가 오래전부터 경계해온 전대미문의 경제위기가 닥쳐오는 중이거나 이미 닥쳐왔을지 모를 일이다. 늘 그렇듯, 어려운 시절에는 가난한 사람들이 큰일이다.

3　「세계는 지금 가짜뉴스와 전쟁」, 중앙일보, 2017. 1. 12. 「독일, 러시아發 가짜 뉴스와 전쟁 나선다」, 조선일보, 2017. 1. 11.

4　William Harms, "For Presidential Candidates, Image May Trump Debate Issues," *UChicago News*, The University of Chicago, October 24, 2012.

5　Michael Lempert and Michael Silverstein, *Creatures of Politics: Media, Message and the*

하듯, 이미지공학 운용이 미국 대통령 선거의 핵심전술이 된 것은 오래된 일이다. 폴란드에서는 2000년부터 거의 모든 대통령 출마자가 이미지 컨설턴트를 고용한다.

우리나라도 그리 다르지 않다. 4대강과 자원외교로 천문학적 금액의 혈세(각각의 추정치 22조 원과 36조 원)를 낭비한 이명박은 유능한 기업인이어서 경제만큼은 잘 챙기리라는, 박근혜는 아버지 후광 덕으로 경제위기에서 대한민국을 지켜주리라는 이미지의 득을 크게 봤다. 문학평론가 오민석 교수는 "선거철이 다가오니 다시 '쇼쇼쇼'의 시대가 됐다"며 꼬집었다. 그의 말처럼 정치인들은 평소에는 결코 하지 않는 짓을 능청스레 하며 돌아다니는데, 국밥을 흘리며 먹던 이명박의 모습은 여전히 생생하다. 오 교수는 이렇게 썼다. "소위 '민생 행보'라는 이름으로 평소엔 들여다보지도 않던 쪽방촌에 들러 생계의 끝자락에서 허덕이는 빈민들을 들러리로 세우고 사진을 찍어대는 정치인들은 얼마나 가련한가. 전통시장에 가서 평소에는 입에 대지도 않는 500원짜리 어묵을 물고 서민 흉내를 내는 대선후보는 얼마나 누추한가. 자신들은 이런저런 핑계로 군 복무도 하

American Presidency, Indiana University Press, 2012.

지 않은 채 선거 때만 되면 우르르 군대로 몰려가 안보 운운하는 정치인들은 얼마나 가소로운가."[6] 정치인들은 카메라 앞에서 철저히 계산된 언사에 따라 움직이는 연기자가 되기를, 심지어 예능인이 되는 것도 마다하지 않는다. 이미지는 브랜드가 진짜라는 혹은 진짜로 보이도록 하는 환영을 만들고 강화한다.

촛불의 맞불로 소위 친박단체가 주도하는 태극기집회는 삼일절의 태극기를 곤경에 빠트린다. 태극기를 자신의 정치 이미지로 착복함으로써 큰 오해를 필연적으로 불러일으킨다. 어떤 정치 신념이든 그것을 공개적으로 시위하는 행위는, 그것이 비폭력적인 한 자유를 보장하는 것이 옳다. 모든 정치적 의사 표현은 존중해야 하고, 가급적 충동과 선동이 아니라 사실과 진실에 따라 판단할 수 있도록 공론에 부쳐야 한다. 이미지가 위세를 떨치는 탈脫진실의 세상에서 공론장은 민주주의 사회를 유지하는 유일한 방편이다. 합리적 사고와 의사소통을 방해하는 음지의 '가짜뉴스'는 치명적인 독이다. 그런데 이미지란 무엇인가? 더 나아가, 깊은 이미지 곧 '깊이 있는' 이미지란 무엇인가? 그 전에 우선 깊이란 무엇인가?

6 「쇼는 이제 그만」, 중앙일보, 2017. 2. 4.

2

깊이에의 강요

독일 소설가 파트리크 쥐스킨트는 〈깊이에의 강요〉에서 깊이를 주제로 삼았는데, 이야기 줄거리는 대충 이렇다.[7] 한 유망한 여류 화가가 자신의 전시회에서 어느 평론가로부터 다음의 말을 듣는다. "당신 작품은 재능이 있고 마음에 와 닿습니다. 그러나 당신에게는 아직 깊이가 부족합니다." 평론가이니 으레 그런 말을 하리라 여겨 흘려들은 그 말은 이틀 후 신문지면에 나타난다. "그 젊은 여류 화가는 뛰어난 재능을 가지고 있

---

[7] 파트리크 쥐스킨트, 『깊이에의 강요』, 김인순 옮김, 열린책들, 2008.

고, 그녀의 작품들은 첫눈에 많은 호감을 불러일으킨다. 그러나 그것들은 애석하게도 깊이가 없다." 그뿐 아니다. 그녀는 초대받은 장소에서 그녀가 깊이가 없다며 사람들이 수군대는 말을 듣는다. 그리하여 깊이라는 말이 그녀에게 엄청난 무게로 다가와 깊이가 무엇인지, 왜 자신은 깊이가 없는지 알기 위해 고투를 벌인다. 그녀는 결국 절망에 빠져 붓을 꺾고 자학하며 폐인으로 살다가 자살한다.

깊이란 도대체 무엇인가? 쥐스킨트는 그에 대한 답변을 내어놓지 않는다. 다만 그녀가 죽은 후 그녀를 애도하는 평론가의 글을 통해 다음과 같이 깊이를 강박적으로 파고드는 것은 헛되고 위험하다는 힌트를 남길 뿐이다.

"거듭 뛰어난 재능을 가진 젊은 사람이 상황을 이겨낼 힘을 기르지 못한 것을 다 같이 지켜보아야 하다니, 이것은 남아 있는 우리 모두에게 또 한 번 충격적인 사건이다. (…) 소박하게 보이는 그녀의 초기 작품들에서 이미 충격적인 분열이 나타나고 있지 않은가? 사명감을 위해 고집스럽게 조합하는 기교에서, 이리저리 비틀고 집요하게 파고듦과 동시에 지극히 감성적인, 분명 헛될 수밖에 없는 자기 자신에 대한 피조

물의 반항을 읽을 수 있지 않은가? 숙명적인, 아니 무자비하다고 말하고 싶은 그 깊이에의 강요를?"[8]

깊이의 문제에 대한 작가의 입장은 이러하다. 깊이는 중요한 가치다. 그러나 그것을 직접 붙잡기 위해 애쓰는 것은 헛된 일이다. 깊이를 직접 붙잡고자 하는 것이 왜 헛된 일이라고 하는지는 조금 후에 다루고, 먼저 〈깊이에의 강요〉에 함축된 중요한 문제를 몇 가지 검토하자.

첫 번째는 남성 우월주의다.[9] 쥐스킨트는 남자 평론가와 여자 작가, 그리고 표면과 깊이라는 대립적 구도를 취한다. 깊이가 무엇인지 아는 것으로 상정되는 언어적 존재인 남성(평론가)과, 깊이가 무엇인지 끝내 알아내지 못한 채 죽음에 이르는 감정적 존재인 여성(작가)의 대비는 페미니즘 담론이 개입할 여지가 크다. 전통적인 기독교가 오랫동안 하나님을 가공架空의 백인 남자로 표상한 것이나, 영국의 철학자이자 문인인 베

---

8 같은 책, 17쪽.
9 쥐스킨트가 남성 우월주의자라는 뜻은 아니다. 그가 그러한지 아닌지는 별도의 과제고, 여기서는 다만 〈깊이에의 강요〉가 남성 우월주의를 드러내고 있다는 것이고 거기에 주목할 뿐이다.

이컨이 이성을 남자로 간주하고 자연을 말을 듣지 않는 미욱한 여자로 간주한 것이나, 프로이트가 여성(의 성)을 남성의 표면과 달리 미지未知의 검은 대지처럼 볼 수 없고 알 수 없는 속으로 규정한 것이나, 더 보편적으로는 남성을 보는, 그래서 아는('I see.') 눈의 주체로, 여성을 보이는, 모르는 대상으로 삼은 맥락에서 말이다.

미국의 유명한 영화감독 우디 앨런은 자신의 영화 〈지골로 인 뉴욕〉(2013)에서 남자 주인공의 입을 빌려 이렇게 말한다. "남자는 여자가 책 읽는 것을 절대 원하지 않죠." 이란계 프랑스인 기자 프리든 사헤브잠이 쓴 실화소설에 토대를 둔, 미국 영화감독 사이더스 노라스테의 영화 〈더 스토닝The Stonning of Soraya M.〉(2008)은, 중동과 아시아 등에서 지금도 횡행하는 인권 없는 여성의 삶의 실태를 아프게 고발한다. 이란의 한 작은 마을에 사는 '소라야'는 주체적인 삶을 꿈꾸는 무구한 여인인데 남편이 욕심을 채우기 위해 꾸민 계략으로 억울하고 고통스러운 죽음에 이른다. 그녀의 인생 바람막이인 또 다른 여인 '자흐라'는 그러한 기막힌 상황에서도 시종일관 존엄과 격식을 잃지 않고 진리의 삶을 향해 나아감으로써 한 명의 진실한 인간이 행할 수 있는 아름다운 모습을 보여준다. 선善 안에서 진실을 구하는 일은 참으로 고귀하다. 한국도 적잖이 성차별적이다. 여성혐오가 여기저기 도사리고 있는 우리 사회에서 여성은 고용과 임금 격차 등에서 OECD(경제협력개발기구) 회원국 중 최하위다.[10]

두 번째는 권력의 무비판적 수용 문제다. 한 사람(평론가)의 말이 다른 한 사람(작가)을 죽음에 이르게 한 것은 일방적인 권력 행사와 거기에 순응하는 무비판적 행위 때문이다. 작가는 단순히 여성일 뿐 아니라 젊다. 그 반면 평론가는 '젊지 않은', 아마도 노회한, 게다가 제도가 호명한 권위를 쥔 사회적 강자다. 권력의 구도는 분명하다. 그리하여 힘은 평론가에서 작가 쪽으로 일방으로 '매끄럽게' 흐른다. 그런데 평론가의 언사에 권위 혹은 권력이 실리지만 강제적이나 억압적이라고 할 수 없다. 평론가는 자신의 과업을 수행할 뿐이다. 심지어 작가의 발전을 기대하는 조언일 수도 있다. 그러니 작가는 그의 논평을 몸에 좋은 쓴 약으로 받아 자신을 되돌아보는 계기로 삼으면 될 일이다. 혹은 정신이 강하거나 정신을 강하게 할 요량이라

10 서울시여성가족재단 강경희 대표이사에 따르면, 2016년 기준 여성 경제활동 참가율은 53.7%로 남성보다 약 20% 포인트 낮고, 10여 년째 제자리걸음이다. 여성의 월 평균 임금은 남성의 64% 수준이다. 머니투데이, 2017. 1. 5.

면, 당신이 말하는 깊이가 무엇인지, 혹은 자신이 왜 깊이가 없는지 감히 따져 물어야 할 일이다. 그런데 누구든 현실의 권력 구도에 배치되면, 게다가 현실의 이익, 더 나아가 생존을 위해 인정이 필요한 상황에 부닥치면 실제로 그리하기 어렵다. 가슴 아프고 슬프게도, '가만 있으라'는 말에 복종한 세월호 학생들이 그랬다.

권위와 진실은 무관하다. 도리어 진실하지 못한 언어는 대개 권위를 앞세우게 마련이다. 〈더 스토닝〉의 첫 장면은 다음의 문장으로 구성된다.

"위선자처럼 행동하지 마라. 큰 소리로 코란을 인용하면 자신의 흉계를 숨길 수 있듯 말이다."
─14세기 이란 시인, 하페즈Hafez

최순실 국정농단 사건의 가장 중요한 핵심은 정치인뿐 아니라 대학교수를 포함해 우리 사회 수많은 최고의 엘리트들이 비정당한 권력에 (영악한 여우처럼 자신들의 세속적 이익을 위해 소처럼 묵묵히) 복종했다는 것이다. 다소 가혹하게 들리겠지만 〈깊이에의 강요〉의 작가를 파괴에 이르게 한 것은 평론가가 아니라 작가 자신이라고 말하는 편이 온당하다. '네 덕 내 탓'이 삶의 지혜이니 말이다. 옳든 그르든 권력 없는 사회는 없다. 그러니 우리 자신의 삶을 지킬 뿐 아니라 오롯이 살아내기 위해, 로마의 음유시인 호라티우스의 언명이자 칸트가 계몽의 모토로 제시한 'Sapere aude!', 곧 '감히 우리 자신의 이성을 사용해야' 한다. 촛불집회든 그에 맞서는 태극기 맞불집회든 모든 공적 사안은 '사페레 아우데'에 근거해야 하고, 그리함으로써 존중받아 마땅하다. 나아가 피차 존중하는 가운데 대화에 힘써야 한다. 오직 그리하는 것만 전체주의라는 이름의 폭력적 야만에 빠지는 것을 피할 수 있다.

세 번째로는 탐구의 실패를 들 수 있다. 작가는 깊이가 무엇인지 고뇌하며 깊이를 찾기 위해 이리저리 다니며 이것저것 해보지만, 모든 시도가 실패로 돌아간다. 미술 서적도 세심히 들여다보고, 다른 작가들의 작품도 연구하고, 화랑과 박물관들도 두루 돌아다니며, 미술이론서들도 읽는다. 급기야 서점 점원에게서 가장 깊이 있는 책을 추천받아 비트겐슈타인의 책을 수중에 넣지만, 그로써 무엇을 해야 할지 모른다. 깊이를 탐구하는 그녀의 모든 수고는 어떤 결실도 보지 못하는데 이것은 아마, 미네르바의 올빼미(지혜)는 해가 저물어서야 비로소 날개를 편다고 말한 헤겔의 말처럼, 쥐스킨트가 예술(혹은 예술가) 영역에서 지성의 무용無用을 시사하는 것은 아닌지 모르겠다. 그런데 작가가 그 정도로써도 소득을 얻어내지 못한 점을 놓고 보면, 좀 더 구체적으로 비트겐슈타인의 『청갈색 책The Blue and Brown Books』이나 『철학적 탐구Philosophical Investigations』[11] 중 한 권만 파악했더라도 죽음에 이르지 않았을 것이라고 생각하면, 지성이 결핍된 예술을 경고하는 것은 아닌지 모를 일이다. 우리가 기꺼이 작품이라고 부르는 것은 다양한 해석에 열려 있으니,[12] 쥐스킨트의 정확한 의도가 무엇인지 따지는 일은 무의미하다. 중요한 것은 그녀가 깊이를 파악하는 데 실패했다는 점이며, 그리하여 우리는 깊이가 무엇인지 끝내 알 수 없다는 점이다.

11　비트겐슈타인(Ludwig Wittgenstein)은 적어도 그 두 권의 책을 통해, 언어의 의미가 도대체 무엇인지 상세히 해명할 뿐 아니라, 우리가 언어의 구조에 갇혀 자칫 전혀 부질없는 노고를 벌일 수 있는 것에 대해 명징하게 경고한다.

12　리쾨르(Paul Ricoeur)에 따르면, 시적 언어는 그 자신만 가리킨다. 그리하여 그것은, 우리로 하여금 해석에 초대하고 상이한 해석의 가능성을 열어줌으로써 '의미 있는(meaningful)' 것으로 존재한다. Paul Ricoeur, "The Metaphorical Process as Cognition, Imagination, and Feeling," *Critical Inquiry*, Vol. 5, No. 1, Special Issue on Metaphor (Autumn, 1978), 143-159쪽.
외연적 의미에 반대하는 리쾨르의 비판은 다른 철학자들도 공유하는데, 예컨대 비트겐슈타인은 『철학적 탐구』에서 다음과 같이 말한다. "단어에 상응하는 사물을 나타내기 위해 '의미'라는 낱말을 사용하는 것은 통념에 어긋난다(illicit)."

3

깊이에의 모색

    그렇다면 다시 깊이란 무엇인가? 깊이를 직접 붙잡고자 하는 것은 헛된 수고라는 것으로 시작하자. 'X는 무엇인가?'라는 질문은 바로 그 질문의 형식으로 인해, 우리로 하여금 X의 속성과 상관없이 X를 곧바로 찾아 나서게 하고 그것을 직접 붙잡도록 닦달한다. X를 하나의 분명하고 단단한 것으로 간주하게 한다. 언어의 사물화 경향성 때문이다. 예컨대 나무와 사랑은 둘 다 명사인 까닭에 사랑이 무엇인지의 질문은 나무가 무엇인지와 같은 구도에 속한다. 알 수 없는 것은 아는 것을 통해 추론할 수밖에 없으니, 구체적이고 쉬운 것이 구도를 형성한다.

사랑은 추상명사인 까닭에 나무처럼 구체적인 모습이 있을 수 없다. 추상명사는 근본적으로 의미가 확정적이지 않다. 그래서 현대논리학의 창시자 프레게Gottlob Frege는, 그것은 오직 술어로만 사용될 수 있을 뿐이라고 했다.[13] 그런데 사전辭典은 모든 의미를 확정지어주니, 우리는 추상명사도 객관적으로 정의할 수 있다고 생각한다(우리가 궁금해하는 것은 사전이 부여하는 표층적 의미가 아니다). 사랑과 같은 추상명사도 필요충분조건을 만족시키는 특성, 곧 단단한 의미의 핵이 있다고 생각한다. 이러한 관점을 '본질주의'라고 부르는데, 그것에 따르면 언어나 사물이나 인간에게는 그것이 그것이게 하는 변하지 않는 속성(본질)이 있다.

언어에 본질이 있는가? 비트겐슈타인은 없다고 단언한다. 예컨대 모든 형태의 놀이가 공통으로 지니는 특성 혹은 언어적 정의는 없다. 놀이 두세 개가 피차 비슷하거나 공유하는 특성은 있을 수 있어도, 모든 놀이가 공유하는 특성은 없다. 그러한 현상을 비트겐슈타인은 '가족 유사성'이라 부른다. 가족 구

13　개념명사가 일상적으로 주어로 사용되기도 하지만, 그때 그것은 주어로 삼는 암묵적인 고유명사의 술어로 기능한다. 예컨대 '철학자는 현명하다'라는 진술은, '무엇이든지 간에 그것이 만약 철학자라면, 그것은 현명하다'라는 진술의 축약이다.

성원들이 서로서로 비슷하지만, 그래서 두 사람은 모종의 모습을 공유할 수 있지만, 모든 구성원이 공유하는 모습은 존재하지 않는다. 특히 추상적인 개념명사가 그러한데, 우리는 언어를 가족 유사성의 방식으로 쓰지 정확한 정의에 따라 쓰지 않는다. 그래서 언어를 쓰는 방식이 곧 그 의미라고 할 수 있다. 언어의 의미는 그것의 상황(맥락, 궁극적으로는 특정한 삶의 형식)에 의해 결정되는데, 그러한 상황을 '언어놀이'라 부른다. 예컨대 '빵'이라는 말을 모르는 아이가 그 말을 배우려면, 우리가 어떤 대상을 가리키며 '빵'이라고 말하는 상황을 '대상을 호명하는' 언어놀이로 인식해야 한다.

우리의 정체성은 어떤가? 고정불변의 본질인가? 그렇지 않다. 정체성이란 과거의 모든 인식과 경험을 현재의 시점에서 하나의 개념에 따라 일관되게 정렬시킨 관념의 구성물이다. 그것에 맞지 않는 것은 모두 배제하는 환원적인 관념적 공작이다. 게다가 앞으로의 삶을 그것에 맞는 방식으로 살아갈 것이라고 단언할 수도 없다. 범위를 좁혀 성性 정체성만 하더라도, "여자는 태어나는 것이 아니라 만들어지는 것"이라는 프랑스의 철학자이자 소설가인 보부아르Simone de Beauvoir의 유명한 말처럼, 미국의 철학자 버틀러Judith Butler에 따르면 그것은 태어

나면서 우리에게 주어진 하나의 불변의 특성이 아니라, 관념에 따라 반복적으로 수행함으로써 형성된 사회적 구성물이다.[14] 다른 성 역할을 반복적으로 실행하면 우리의 성 정체성이 바뀔 수 있다는 것이다. 정상과 비정상도 마찬가지로 특정 사회의 이데올로기적 구성물이다. 장소성도 그렇다. 어떤 장소의 정체성은 거기서 어떤 행위들이 반복적으로 수행되느냐에 따라 (언제든 달리) 결정된다. 명동성당은 과거에 민주화 성지였지만 지금은 그렇지 않다.

따라서 인생이란 무엇인가? 사랑이란 무엇인가? 등의 질문처럼 우리가 알고 있다고 여겨온, 그래서 아무 문제없이 써온 것을, 누가 그것이 무엇인지 물으면 혼돈에 빠지기에 십상이다. 성聖 아우구스티누스St. Augustine는 『고백록』에 다음과 같이 썼다. "아무도 내게 묻지 않는다면 나는 그것[시간]이 무엇인지 안다. 그것을 나에게 묻는 사람에게 내가 설명하려 한다면 나는 모른다."[15] 이러한 일이 벌어지는 것은 특히 개념명사의

---

14   Judith Butler, *Gender Trouble*, Routledge, 2006.

15   St. Augustine, *Confessions and Enchiridion*, trans and edit. by A. C. Outler, Christian Classics Ethereal Library, Book Eleven, Chapter XIV. http://www.ccel.org/ccel/augustine/confessions.html.

경우 언어가 본디 엄밀하지 않기 때문이다. 언어의 본질 혹은 단단한 의미의 핵은 없다. 따라서 인생, 사랑, 깊이 등과 같은 개념을 '직접' 붙잡고자 하면 문제가 생긴다.[16] '꼭(엄밀하게)' 붙잡으려고 하면 할수록 의미는 더 빠져나가고 우리 자신은 (언어의) 덫에 갇힌다. 깊이를 '강박적으로' 붙잡으려 애쓴 화가가 자기파괴에 이르는 것은 필연적 사태다.

사태가 그렇다고 해서 인생이 무엇인지, 사랑이 무엇인지 묻는 일이 무의미한 것은 결코 아니다. 무의미한 것이 아니라 오히려 그리함으로써 우리는 참다운 인생과 참다운 사랑에, 인생과 사랑의 진정한 의미에, 한 치라도 더 가까이 다가갈 수 있다. 인생이 무엇인지 때때로 묻고 틈틈이 대답을 찾으려 애쓰며 살아가는 것은, 설령 인생의 해가 질 때마저 명쾌한 대답을 못 찾더라도, 그 마지막 시간에도 모른다거나 그것은 본디 답이 없는 질문이라고 대답할 수밖에 없더라도, 한 번도 제대로 묻지 않고 살아온 삶과 분명히 다를 것이다. 인생은 과정이며, 그래서 인생이 무엇인지 생각하고 묻고 탐구하며 살아가는 것

---

16 개념에 해당하는 독일어 'Begriff'는 '잡다', '쥐다'라는 뜻의 동사 'begreifen'의 명사형이며, 영어 'concept'는 'con(하나로 모으다)'과 'cept(잡다)'로 이루어져 있다. 둘 다 잡거나 쥔다는 뜻을 지녔다.

은, 바로 그로써 삶을 좀 더 의미 있게 해주기 때문이다. 예술이 무엇인지 묻지 않고 작업하는 사람이 (진정한) 예술가일 수 있겠는가? 건축가는 건축이 무엇인지 때때로 물어야 하며, 진정한 유신론자와 무신론자는 신이 누구인지, 신은 존재하는지 끊임없이 물어야 한다. 사랑이 무엇인지 묻지 않고서야 자신이 하는, 혹은 시작하는 사랑이 진정한 사랑인지 어찌 알 수 있겠는가?

따라서 우리는 우리의 질문을 다소 느슨히, 마치 아도르노의 (진리가 불꽃처럼 어느 순간 현현하도록 하는) 성좌처럼 몇 개의 다른 언어들을 통해 접근할 필요가 있다. 인식을 경험과 대질시켜 관념화에 빠지는 것도 피하는 것이 중요하다. 아는 만큼 보인다고 했던가? 보는 만큼 안다고 했던가? 아는 것과 보는 것, 혹은 아는 것과 실천하는 것은 하나로 일치될 수 없어도 이어짐으로써 삶을 더 넓고 더 깊게 만든다. 인식과 경험은 이어질 때 삶의 구체성과 풍부함을 가져다준다. 그러므로 인생이든 사랑이든, 그것의 의미는 각자의 인식과 경험의 크기에 따라 다를 것이다. 작년 어느 날 나는 번역가 조순익이 문학평론가 신형철의 영화비평서 『정확한 사랑의 실험』을 펼쳐보다 "저자의 '사랑'에 관한 구절이 유독 와 닿아" SNS에 '사랑과 욕망'

이라는 제목으로 올린 글을 읽고 거기에 동승해 사랑에 대해
숙고했다.

누구나 없는 것이 있다. 없는 것이 없는 자는 없다. 그러하므
로 우리는 없는 것을 없애고 싶다. 메워서 있게 하고 싶다. 돈
과 명예가 그러하다. 욕망도 사랑도 그러하다. 사랑이 없으니
사랑을 구한다. 사랑할 사람도, 사랑받을 사람도 있게 하고 싶
다. 있는 것은 더 있게 하고 싶다. 돈과 명예가 그러하다. 더 많
은 돈을, 더 큰 명예를 구한다. 욕망도, 사랑도 그러하다. 사랑
이 있어도 더 큰 사랑을 구한다. 더 큰 사랑을 더 많이 하고 싶
고, 더 큰 사랑을 더 많이 받고 싶다. 삶은 그러한 몸부림이다.

조순익이 인용한 문학평론가 신형철의 글이다.

"이제 여기서는 욕망과 사랑의 구조적 차이를 이렇게 요약
해보려고 한다. 우리가 무엇을 갖고 있는지가 중요한 것은 욕
망의 세계다. 거기에서 우리는 너의 '있음'으로 나의 '없음'을
채울 수 있을 거라 믿고 격렬해지지만, 너의 '있음'이 마침내
없어지면 나는 이제는 다른 곳을 향해 떠나야 한다고 느낄 것
이다. 반면, 우리가 무엇을 갖고 있지 않은지가 중요한 것이

사랑의 세계다. 나의 '없음'과 너의 '없음'이 서로를 알아볼 때, 우리 사이에는 격렬하지 않지만 무언가 고요하고 단호한 일이 일어난다. 함께 있을 때만 견뎌지는 결여가 있는데, 없음은 더 이상 없어질 수 없으므로, 나는 너를 떠날 필요가 없을 것이다."[17]

욕망은 너로써 나의 결여를 채우고자 하는 것이어서 네가 나를 채울 수 없을 때 나는 너를 떠나야 한다고 느끼지만, 사랑은 너의 결여와 나의 결여가 서로 통해서 너와 내가 함께 견디는 것이어서 너를 떠날 필요가 없다는 말이다. 너에게 있는 것을 요구하는 것이 욕망이라면, 사랑은 결여된 존재인 내가 결여된 존재인 너를 받아들이는 것이라는 말이다. 그런데 결여는 결여될 수 없으니 진정 너를 떠날 필요가 없을까? 사랑이 성립하기 위해서는 서로의 결여를 서로 알아보는 것이 있어야 한다고 했다. '서로 알아봄'이 결여되면 곤란하다는 말이다. 이 '있는 것(서로 알아봄)'은 없어질 수 없는가? 그리고 나의 결여를 너의 결여로써 견디는 것과 나의 결여를 너의 있음으로 채우고자 하는 것은 무엇이 다른가?

17　신형철, 『정확한 사랑의 실험』, 마음산책, 2014, 26쪽.

라캉에 따르면 너에게 있는 것은 (너에 대한 나의) 환상이어서 나의 결여를 결코 채울 수 없고, 그래서 실패할 수밖에 없다. 그리고 우리는 모두 결여된 존재이며, 그 결여는 채울 수 없는 절대적 결여로서 욕망을 생기시키는 뿌리다. 욕망은 결여를 메우고자 하는 힘이라는 것이다. 따라서 결여를 결여로서 두는 혹은 견디는 일은 욕망을 일으키지 않도록 하는 또 다른 힘을 갖는 일인데, 이것은 소위 무욕 곧 무욕을 욕망하는 일로서 욕망을 없애고자 하는 욕망의 다른 이름이다. 근본적으로 욕망하는 존재인 인간은 살아 있는 동안은 욕망에서 벗어날 수 없으니, 사랑 또한 욕망이라 부르는 것이 온당하다. 사랑하고자 하는 욕망과 사랑받고자 하는 욕망일 수밖에 없으니 말이다. 다만 어떠한 욕망을 구분 지어 그것에 사랑이라는 이름을 부여하고자 하는 욕망은 섬세하게 들여다볼 가치가 충분히 있다. 욕망은 대체로 대상화와 소유욕에 의해 대상을 분해하고 파괴하는 경향을 지녔기 때문이다.

사랑을 특이한 욕망으로 가려내어 사랑이라는 명사로 그것을 둘러싼 욕망과 굳이 구별하고자 한다면, 나는 그 특이성을 이렇게 구성하고 싶다. 나는 너의 '있음'으로써 나의 결여를 채우고자 욕망하는 존재다. 그리고 나는 그와 동시에 너 또한 나의 '있음'으로써 너의 결여를 채우고자 욕망하는 존재라는 사실을 받아들인다. 말하자면, 피차 결여된 존재자로서 상대의 '있음'으로써 자신의 결여를 채우고자 하는 존재라는 것을 서로 인정한다는 것이다. 그리함으로써 우리는 서로를 끌어당기고자 격렬해지는 존재다. 그러고서 너의 '있음'이 항차 마멸되어 가더라도, 그래서 종국적으로 소멸할지라도 나는 너와 함께 고요히 머물 것인데, 그것은 나의 '있음' 또한 그리되어 갈 수 있으므로, 그리고 그뿐 아니라 우리는 격렬하게 만난, 그래서 서로에게 특별한 존재인 까닭에 그러하다. 너에게 격렬하게 다가가고 나에게 격렬하게 다가와 격렬함으로 맺어진 우리는, 그러한 격렬함이 나와 너의 있음과 없음에서 솟구쳐 나온 것을 받아들임으로써, 격렬함이 사라진 이후에도 우리에게 "무언가 고요하고 단호한 일이 일어"나지 않을까 싶다.

〈당신을 오랫동안 사랑했어요Il Y A Longtemps Que Je T'aime〉 (2008)는 사랑을 가장 묵직하게 느끼고 생각하게 해주는 영화 중 하나다. 프랑스의 문학 교수인 필립 클로델이 첫 메가폰을 잡아 감독한 작품인데, 사랑할 수밖에 없는 한 사람을 위해 법이나 도덕이 허용하지 않은 (그러한 까닭에 어쩌면 '진정한 의미에서 윤리적'이라고 할 수 있을) 행위를 벌이고, 그것이 초래하는 무거운 형벌을 아무 변명 없이 받아들인 채 오랜 세월 묵묵히 견뎌낸 한 여인의 영혼을 다소 어두우면서도 잔잔하게 보여준다. 사랑은 어쩌면 그렇게 반사회적이거나 비사회적인 행위마저 포함하는 고통스러운 일이어서 감히 사랑이란 무엇이라고 말하기 어렵다. 혹은 불가능하다. 다른 두 여인도 그 여인을 오랫동안 사랑했지만, 그들 또한 그 여인처럼 각자의 방식으로 전적으로 말없이 홀로 했으므로 그 여인은 그 사랑을 오랫동안 알지 못했다. 사랑이 무엇인지에 대해 소설가 김훈은 이렇게 썼다. "모든, 닿을 수 없는 것들을 사랑이라고 부른다. 모든, 품을 수 없는 것들을 사랑이라고 부른다. 모든, 만져지지 않는 것들과 불러지지 않는 것들을 사랑이라고 부른다. 모든, 건널 수 없는 것들과 모든, 다가오지 않는 것들을 기어이 사랑이라고 부른다."

4

깊이 없음에 대하여

깊이가 있는 것이 무엇을 뜻하는지 알아보기 쉬운 방법은, 깊이가 없는 것은 어떤 것인지 먼저 생각해보는 것이다. '깊이가 없는 것'이 아닌 것은 모두 깊이가 있기 때문이다. 무엇보다도 깊이가 없는 것은 깊이가 있는 것보다 해명하기 더 쉽다. 양을 측정하는 단위가 '얕이, 낮이, 좁이'가 아니라 '깊이, 높이, 넓이'인 것처럼, '없는 지점 곧 영점零點'에서 플러스를 다루는 것이 마이너스를 다루기보다 쉽다.

강이나 갯벌의 깊이는 표면에서 바닥에 닿는 지점까지다.

표면이 영점零點이니 표면은 깊이가 없다. 표면 아래는 모두 깊이가 있다. 따라서 깊이는 '표면과 속'의 문제로 나타난다. 그런데 표면과 속은 주체의 측면에서는 보이는 것과 보이지 않는 것, 혹은 앎과 모름의 차원에 속한다. 바닥이 보이는 맑은 강은 깊어도 얕(다고 생각하)지만, 바닥이 보이지 않는 혼탁한 강은 얕아도 깊(다고 생각한)다. 객관적으로 확인할 시점까지는 그렇다. 가면이 하나의 사례다. 가면이 표면, 곧 보이는 (알 수 있는) 대상이라면, 가면을 쓴 얼굴은 속, 곧 보이지 않는 (알 수 없는) 대상이다. 홀로 덩그러니 놓인 가면은 깊이가 없지만, 얼굴을 숨기는 가면은 (얼굴이라는) 깊이가 있다. 중국의 영화감독 펑샤오강의 〈야연Night Banquet〉(2006)에서 황후(장쯔이役)와 태자(오언조役)는 다음과 같은 대화를 나눈다.

> 황후: 왜 가면을 쓰고 연기하죠?
>
> 태자: 가면을 쓰고 하는 연기야말로 최고 경지의 예술이에요. 맨 얼굴로 희로애락을 표현하는 건 간단하죠. 하지만 위대한 예술가는 <u>무표정한 가면을 쓰고서 가장 복잡하고 은밀한 감정들을 표현</u>해내죠.
>
> 황후: 지금 내 얼굴에는 뭐가 나타나 있죠?

태자: 10 중 6은 교만, 3은 불안, 1은 선제에 대한 죄책감.

황후: 틀렸어요, 10 모두 당신에 대한 실망감이에요. 이제 당신한테는 어떤 기대도 안 해요. 그저 우리가 무사하기만 기도할 뿐이죠. 당신 연기는 아직 멀었어요. 슬픔, 분노, 번뇌, 불안을 얼굴에 그대로 드러내며 화를 자초하는 주제에, 가면으로 표정만 가리면 예술이 되는 줄 알다니. 얼굴 자체를 가면으로 바꾸는 것 그게 진짜 연기예요! (밑줄은 필자가 쳤다)

중국의 화가 쩡판즈는 황후의 말처럼 얼굴을 가면으로 만든 '가면 시리즈Mask Series(1996)'로 일약 세계적 작가로 발돋움했다.[18] 그의 '가면 시리즈' 화면 속 인물들은 모두 번드르르하게 차려입고 웃고 있지만, 우리는 그것이 가식적인 것이라는 것을 (작품 제목만으로도) 어렵지 않게 알 수 있다. 작가의 말에 기대면, '가면 시리즈'는 내성적이고 부끄러움을 많이 타는 작가가 1990년대 대도시 베이징으로 옮겨와 살면서 경험한, '사회적 얼굴' 뒤에 깃든 (불안하고 낯설고 소외된 복잡한) '개인적 얼굴'

18　그의 '가면 시리즈'는 2008년 홍콩 크리스티 경매에서 970만 달러에 낙찰되어 중국 현대작품 중 최고가를 기록했다.

을 드러내는 작품인데, 그의 가면이 깊이를 획득하는 것은 얼굴(성) 때문이다. 가면으로 보이는 것은 실제로 얼굴이기 때문이다. 그리하여 이렇게 말할 수 있겠다. 표면밖에 없는 대상은 깊이가 없다.

고대 그리스 화가 파라시오스Parrhasios와 제우시스Zeusis의 유명한 그림 대결은 그림이 표면에만 머무는지, 표면을 넘어서는지에 따라 판가름 난다. 제우시스는 새들이 진짜로 여겨 날아들 정도로 실물과 흡사한 포도 그림을 보여주며 의기양양하게 파라시오스에게 요구한다. "자 이제 당신이 베일 뒤에 그린 것을 보여주시오."[19] 그리하여 파라시오스의 그림이 베일인지 몰랐던 제우시스는 그림 대결에서 진다. 제우시스의 포도 그림은 아무리 진짜처럼 탐스럽게 보여도 보이는 것으로 사태가 종료되는 반면, 평범하게 보이는 파라시오스의 베일 그림은 표면을 넘어선다. 쩡판즈의 가면 얼굴처럼 그의 그림은 베일이면서 그와 동시에 베일이 아니다. 보이는 것 혹은 아는 것을 넘친다.

19　Jacques Lacan, *The Four Fundamental Concepts of Psychoanalysis*, W. W. Norton and Company, 1998, 233-234쪽. 라캉에 따르면 여기서 핵심적인 것은, 보는 자의 시선을 유혹의 덫으로 포획함으로써 "외관 너머에 존재하는 이데아"를 드러내는 것이다. 같은 책, 246쪽.

호모루덴스(놀이하는 인간)는 주어진 것에 전적으로 사로잡히는 동물과 달리, 그러한 '이중기만'으로 유희하는 존재다.[20]

이것이 가리키는 바는, 깊이란 종국적으로 앎과 모름 곧 인식의 문제라는 것이다. 깊이가 없는 것은 일상의 언어처럼 의미를 전달하는 순간 모든 것이 분명해져 투명하게 사라진다. 시詩적 언어는 그와 달리, 미국의 시인이자 문학 학자인 번스타인Charles Bernstein이 설명했듯, 우리의 시선을 붙잡을 뿐 아니라 물질처럼 불투명하고 침투불능하다. 혹은 미국의 위대한 시인 스티븐스Wallace Stevens가 말했듯, 시는 '설명할 수 없는 것' 혹은 '말할 수 없는 것'에서 시작하며, "만족하지 못하는 사람이 낱말들로써 만족을 찾고자 하는 노고"다.[21] 깊이가 없는 대상은 그 의미가 즉각적으로 명백한 일상의 언어처럼 접하는 순간 의미가 분명해 우리의 시선을 붙잡지 않는다. 폴란드 화가 노보

---

20 '이중기만'이란 "거짓말로 간주하기를 기대하면서 진실을 말하는 것"으로서 (딜런 에반스, 『라깡 정신분석 사전』, 김종주 옮김, 인간사랑, 1998, 298쪽), 베이트슨 (Gregory Bateson)이 언급한 두 개의 모순을 수용하는 '이중획득(double take)'과 흡사하다. 예컨대, 장난으로 무는 행동은 장난이 아니라 '실제로' 물면서도 그와 동시에 그것은 실제로 무는 것이 아니다. 그레고리 베이트슨, 『정신과 자연』, 박지동 옮김, 까치, 1990, 286-302쪽.

21 Bart Eeckhout, *Wallace Stevens and the Limits of Reading and Writing*, University of Missouri Press, 2002, 268쪽.

시엘스키Jerzy Nowosielski는 이렇게 말한다. "예술은 프로파간다(가 되는 것)를 두려워하지 않는다. 예술은 평범(해지는 것)을 두려워한다."[22] 일상적인 것은 진부하고 상투적이다. 뻔해서 시선을 끌지도 관심을 머물게 하지도 않는다.

그런데 때로는 우리의 시선을 끌고 우리로 하여금 주목하게 하는 대상도 깊이가 없을 수 있다. 제우시스의 포도 그림은 시선을 충분히 끌고 찬찬히 주목하게 한다. 〈깊이에의 강요〉의 평론가는 이렇게 썼다. "그 젊은 여류 화가는 뛰어난 재능을 가지고 있고, 그녀의 작품들은 첫눈에 많은 호감을 불러일으킨다. 그러나 그것들은 애석하게도 깊이가 없다." 호감을 불러일으키지만 깊이가 없다. 당신은 잘생겼지만 매력이 없다는 말과 같다. 전시회에서는 이렇게 말했다. "당신 작품은 재능이 있고 마음에 와닿습니다. 그러나 당신에게는 아직 깊이가 부족합니다." "예쁘고 보기 좋다pretty and pleasing"[23]는 말을 경멸한 니체는 『인간적인, 너무나 인간적인』에서 "오늘날 건물의 아름다움은 무엇인가?"

22 〈국립중앙박물관 특별전: 폴란드, 천년의 예술〉, 2015. 6. 5.-8. 30.
23 Tilmann Buddensieg, "Architecture as Empty Form: Nietzsche and the Art of Building," in *Nietzsche and "An Architecture of Our Minds"*, ed. by A. Kostka and I. Kostka and I. Wohlfarth, Gety Research Institute for the History of Arts and the Humanities, 1999, 270-271쪽.

라고 묻고서, 그것은 "얼빠진 여인의 아름다운 얼굴과 같다. 가면 같은 것"이라고 했다. 좋아 보이는데 깊이가 없다는 것은, 좋아 보이는 것과 깊이 있는 것은 다르다는 것을 가리킨다.

보기에 좋은 것은 감각의 영역인 취미 판단에 속한다. 그에 반해 깊이가 있거나 없는 것은 앎과 모름의 영역인 인식 판단에 속한다. 그렇다고 해서 깊이의 개념이 앎과 모름에 한정된다는 것은 아니다. 카나리아 와인은 '깊은 맛이 난다'고 할 수 있다. 그렇게 감각의 영역도 깊이의 개념이 개입한다. 감각도 판단의 대상인 까닭에[24] 인식(로고스)을 거친다.[25] 맛이 좋다거나 보기 좋다는 것(호감)은 나의 취미(아름다움과 추함이 주는 쾌감과 불쾌감)에 따른 (이성의) 판단의 결과다. 따라서 우리는 깊이의 개념을 감각 혹은/그리고 앎의 '넘침'으로 풀이할 수 있겠다. 다른 말로, 모름의 정도가 깊이라는 것이다. 여기서 모름이란 단순히 모르는 것이 아니라 모르는 것(나의 앎의 한계)에 대한 앎을 가리킨다. 하나의 대상은 내가 그것에 대해 모르는 것

24　판단은 근본적으로 이성에 의한 것이어서 인식의 영역에 속한다.
25　칸트가 주장하는 반성적 판단에 속하는 미학적 판단, 곧 (논쟁의 여지가 많은) 이해타산 없는 '순수한 취미판단'은 무개념적인 까닭에 이에 해당하지 않는다. 그에 반해 "논리적으로 구속"되는 모든 취미판단은 부분적으로 개념적이며 '지성적'이다.

이 많을 때 깊이가 있다. 거꾸로, 감각적으로나 인식적으로 익숙한 것이어서 특별히 (더) 주목할 일이 없을 때 깊이가 없다.

칸트로부터 프랑스의 철학자 랑시에르Jacques Rancière에 이르기까지, 현대미학은 감각(감성적인 것)과 인식(지성적인 것)의 구분에 기초한다.[26] 따라서 깊이가 없는 것은 다음의 두 가지로 생각해볼 수 있다. 1) 감각적으로나 인식적으로 모두 중립적[27]이어서 누구도 주목하지 않는 것. 2) '호감은 가지만 깊이가 없다'는 〈깊이에의 강요〉의 평론가의 말처럼, 감각적으로는 즐겁지만 인식적으로는 중립적인 (의미가 투명한) 것. 이 두 가지는 모두 일상적인 경험에 속하는데, 전자가 공기와 같은 존재라면 후자는 광고물과 같은 존재다. 그래서 전자는 뒤샹의 레디메이드처럼 특별한 맥락이나 상황이 개입되지 않는 한 '있는 둥 없는 둥' 존재하지만, 후자는 감각적으로 주목을 끌어 (감정적으로나 인식적으로) 우리를 변화시킬 수 있다. 후자가 깊이가 있는지는 좀 더 생각해 볼 여지가 있다.

26　'아이스테시스(aisthēsis)'라는 그리스 용어는 그 둘이 통합된 것을 뜻하는데, '미학(aesthetics)'이라는 현대용어는 거기서 파생되었다. 따라서 'aesthetics'은 '미학'이라기보다 '감성학'으로 옮기는 것이 정확하다.

27　니체의 '중립성의 인상(impression of neutrality)'이라는 표현을 떠올린다.

5

감각적으로 즐거운 것

'예쁘다pretty'거나 '보기 좋다, 마음에 든다, 즐겁다agreeable'라고 할 수 있는 것, 곧 감각적으로 즐거운 것은 깊이가 있는가? 호감은 불러일으키지만 깊이가 없다거나, 마음에는 와 닿는데 깊이가 없다는 〈깊이에의 강요〉의 평론가의 말은 타당한가? 칸트는 『판단력 비판』에서 우리가 대상으로부터 얻는 쾌감을 '즐거움the agreeable', '좋음the good', 그리고 '아름다움the beautiful', 세 가지로 구분한다. 이 셋을 모두 대상에 대한 표상의 관계뿐 아니라 쾌와 불쾌라는 감정의 변용으로 파악한다. '즐거움'은 음식이 주는 맛 곧 감각적 쾌감을, '좋음'은 음식의 양분이 공급하는 건강과 관련된 인식적 쾌감을, 그리고 '아름다움'은 순수하고 자유로운 미학적 쾌감을 나타낸다. '즐거움'이 동물들에게도 해당한다면, '좋음'은 모든 이성적 존재, 그리고 '아름다움'은 동물적이자 이성적인 인간에게만 해당한다. 그리고 앞의 둘은 자극에 의해 파토스(정념)적으로 조건 지어지는 쾌감이어서 욕망으로부터 떼어낼 수 없지만, 아름다움은 대상의 현실적 욕망의 강제에서 벗어난 순수한disinterested 쾌감이다.[28] 아름다움의 쾌감이 과연 욕망이 없는 상태에서 발생할 수 있는지에 대해서는, 니체가 단호하게 비판했듯 논란의 여지가 많다. 그 점에 대해서는 나중에 거론하고, 감각적 즐거움이 동물들도 취하는 쾌감이라면 그것은 깊이가 있다고 할 수 없다. 감각적 즐거움은 왜 깊이가 없는가?

감각적 즐거움은 다섯 가지 감각기관이 상황에 따라 다양하게 얽히는 복잡한 공감각적 쾌감이다. 그러니 논의의 편의를 위해 시각적으로 즐거운 '예쁨'에 한정하자. 미학이 18세기에 출현해 하나의 독립된 학문분과로 확립된 이후 지금까지 '예쁨'을 미학적 쾌감으로 간주한 경우는 없다고 해야 할 정도인

---

28   Immanuel Kant, *Critique of Judgment*, trans. by W. S. Pluhar, Hackett, 1987.

데, 그 근거는 대체로 복잡성과 풍부성, 혹은 깊이와 관계된다. 복잡성이 심미적일 정도로는 충분하지 않다는 것이다. 감각은 강도의 문제이니 미학적이라 불리기에는 감각이 충분히 강렬하지 않다는 것이다.[29]

'예쁨'이 깊이가 없다면 그것은 (쾌감의 강도가) 일상적이기 때문이다. 캐나다의 시인이자 철학자인 스파르쇼트Francis Sparshott가 보기에 '예쁨'은 여성적 사물이나 애완동물에게 적용 가능한 것으로서[30] 심각한 주목을 요구하지 않으며 상투적 반응을 야기하고 사소하다.[31] '예쁨'은 영국의 비평가이자 철학자인 브래들리Andrew Cecil Bradley가 제시한 아름다움의 다섯 가지 범주, '숭고한sublime', '웅장한grand', '아름다운beautiful', '아치 있는graceful', '예쁜pretty' 중 제일 낮은 위치다.[32] 그가 제시한 바에 따라 앞의 둘과 뒤의 둘은 하나로 묶을 수 있으니 쾌감에는

---

29   분석미학을 연구한 미국의 철학자 비어즐리(Monroe Beardsley)의 주장에 따르면, 어떠한 사태를 미학적으로 (탁월하게) 만드는 것은 통일성(unity), 강렬성(intensity), 복합성(complexity)이라는 세 원리다. Monroe Beardsley, *Aesthetics*, Hackett, 1958, chapter XI.

30   그래서 성차별적 개념이라고 할 수 있겠다.

31   Francis Edward Sparshott, *The Structure of Aesthetics*, University of Toronto Press, 1963, 72-75쪽.

32   Andrew Cecil Bradley, *Oxford Lectures on Poetry*, St. Martin's Press, 1965.

세 개의 강도가 있는 셈인데 아름다움은 중간이다. 아리스토텔레스도 『시학』에서 대상이 아름답기 위해서는 '세기magnitude'가 너무 커도 안 되지만 너무 작아도 안 된다고 했다. 아름다움은 대상과 우리가 균형을 이루는 상태라는 것이다. 따라서 쾌감의 강도에 따라 이렇게 말할 수 있겠다. 균형에 못 미치는 것은 깊이가 없다. 혹은 얕다. 균형을 넘어서는 것은 깊이가 깊다. 그런데 이 균형점은 무엇인가?

미국의 철학자 코스마이어Carolyn Korsmeyer는 그것을 난해성으로 설명한다.[33] 예컨대 야수파를 주도한 프랑스의 화가 마티스Henri Matisse는 자신의 선들과 형상들을 '덜 즉각적으로' 즐겁게 만들어, 그러니까 쾌감을 어렵게 만들어 '단순히 예쁜 것'을 '아름다운 것'으로 바꾼다.[34] 어려운 대상은 우리로 하여금 더 오래 주목하게 한다. 니체의 "느리게 날아가는 아름다움의 화살"[35]이 그렇다. 우리의 마음에 서서히 파고드는 아름다움은,

---

33   Carolyn Korsmeyer, "Terrible Beauties," Contemporary Debates in *Aesthetics and the Philosophy of Art*, ed. by Matthew Kieren, Blackwell Publishing, 2006. 코스마이어가 관찰하는 버크(Edmund Burke)에 따르면, 아름다움은 그것이 약화할 때 예쁜 것에 가까운 무엇으로 퇴각한다.

34   같은 책, 60쪽.

35   Friedrich Nietzsche, *Human All Too Human*, Section 149.

옷 젖는 줄 모르는 가랑비처럼 거의 눈치채지 못하게 우리를 데려간다. 그리하여 꿈에 다시 나타나기도 하며 가슴에 오래 남아 우리를 완전히 사로잡아 눈을 눈물로 채우고 가슴을 그리움으로 채운다. 그러한 일은 "도덕적이거나 실존적인 무게의 암시"[36]를 통해서도 발생한다. 칸트가 보기에, '예쁜' 여인은 '아름다운' 여인과 달리 비도덕적인 즐거움밖에 주지 않는다.[37] 도덕과 실존은 무겁고 어렵다. 무겁고 어려운 것은 한 번에 혹은 쉽게 사라지지 않는다. 여운을 남기거나 마음에 도장을 찍듯 인상印象을 남긴다. 강렬한 맛처럼 뒷맛을 남긴다.

그에 반해 단순히 예쁜 것은 뜻을 전하는 순간 사라지는 일상어처럼 현장에서 만족감을 주는 데 그친다. 디저트처럼 즐기는 데 힘이 들지 않고 주목도 요구하지 않는다. 거의 모든 할리우드 영화가 그러한데, 어떤 사회적 부채감이나 휴머니티의 책임감도 주지 않는다. 머리로나 가슴으로나 부담 없는 만족감을 선사한다. 영국의 영화감독 켄 로치의 〈앤젤스 셰어: 천사를 위한 위스키The Angel's Share〉(2012)는 간발의 차이로 거기서 벗

---

36   같은 책, 55-56쪽.
37   Immanuel Kant, *Observations on the Feeling of the Beautiful and the Sublime*, trans. by John T. Goldthwait, California Press, 2004, 87쪽.

어난다. 남자의 (관음적) 시선의 대상인 여자의 에로틱한 신체를 철저히 배제함으로써, 그리고 송중기나 송혜교와 같이 '잘생긴' 선남선녀가 아니라 변두리에 서식하는 가망 없는 '못생긴' 인물을 내세움으로써 그리한다. 전형적인 할리우드 영화처럼 해피엔딩으로 끝나지만, 등장인물들의 모습과 언행이 단순히 즐기기에 불편하고 심지어 불쾌감마저 불러일으킨다. 게다가 인간을 둘러싼 사회적 상황이 삶의 자유를 얼마나 지독하게 구속하는지 긴 시간 지켜보는 일은 즐겁지 않다.

플라톤의 『향연Symposium』은 사랑과 예술과 아름다움을 다루는 서구철학의 가장 오래된 원천 중 하나인데, 특히 '사랑의 계단ladder of love' 이야기가 유명하다. 소크라테스가 지혜의 여인 디오티마Diotima라는 허구의 인물을 통해 들려주는 바에 따르면, 가장 낮은 단계의 사랑은 특정한 소년의 아름다운 육체 곧 '예쁜 대상'에 머문다. 그리고 나서 모든 아름다운 육체, 아름다운 영혼, 아름다운 법과 제도, 지식의 순서로 점점 보편적이고 추상적인 단계를 거쳐 최고의 단계인 영원히 불변하는 '아름다움 그 자체'에서 종결된다. 아름다움의 영역에 속하는 플라톤의 '예쁨'은 계몽시대에 이르러 아름다움을 구별하기 위해 호출된다.[38] 그리하여 둘은 범주적으로 구분된다.

『향연』에 나오는 또 하나 유명한 이야기는 아름다움을 갈구하는 '사랑Eros'의 탄생 설화다. '사랑'은 미의 여신 아프로디테의 생일잔치 날 풍요의 신 포로스Poros와 가난의 여신 페니아Penia에 의해 수태된다. 그리하여 그Eros는 가난과 풍요 사이를 운명적으로 영원히 오가며 아름다움을 사랑한다. 아름다움은 그렇게 플라톤과 그를 따르는 오랜 전통 속에 '사랑'의 대상으로 머무는데, 플라톤에게서 그러한 아름다움은 동경과 정열이 집중되는 좋은 것일 뿐만 아니라 바로 그러한 까닭에 위험한 것이기도 하다. 그것의 올바른 실행은 진리, 지혜, 그리고 선善 곧 도덕적 완전성으로, 혹은 소박하게는 도덕적 개선으로 나아갈 수 있지만, 그렇지 않을 경우 피상적이며 도덕적으로 무관하거나 심지어 의심스러운, 보기 좋은 외양만 흔적으로 남길 수 있기 때문이다.

감각적으로 즐거운 것이 깊이가 없다면 아름다움은 어떤가? 아름다움은 깊이가 있는가? 있다면 그것은 어디에서 나오

38　페미니즘 저술가이자 지식인인 울스턴크래프트(Mary Wollstonecraft)는 "욕망의 대상인 예쁜 여인"과 "지적 아름다움을 보여줌으로써 더 숭고한 감성들을 불러일으키는 훌륭한 여인"을 구분해, 남자들의 시선을 돌리고자 했다. Mary Wolstonecraft, *Vindication of the Rights of Women: with Strictures on Political and Moral Subjects*, Cambridge University Press, 2010, 49쪽.

는가? 아름다움은 감각적으로 즐거운 것과 무엇이 다른가? 더 근본적으로, 아름다움이란 무엇인가?

6

아름다움

　아름다움이란 무엇인가? 우리는 왜 아름다움을 사랑하는
가? 아름다움은 "행복의 약속Une promesse de bonheur"이라는 프
랑스의 작가 스탕달의 언명은 가장 설득력 있는 대답이다. '행
복의 약속'은 사랑과 예술과 아름다움을 하나로 묶는 플라톤의
사유에 맥이 닿는다. '사랑의 계단'이 보여주듯 '사랑Eros/Love'
이 특정한 아름다운 대상을 향하는 것은 대상 그 자체가 아니
라 영원히 좋은 '아름다움 그 자체'로서, 그로써 궁극적 덕을
이루는 데 있다. '사랑'이 아름다운 것들을 갖고 싶어 하는 것
은 행복에 대한 정열과 욕망 때문이다. 아름다움은 행복의 약

속이다. 여기서 흥미로운 것은 '사랑'의 정체다. 그것이 무엇인지 묻는 소크라테스의 질문에 디오티마는 이렇게 대답한다. '사랑'이란 필멸必滅의 존재와 불멸不滅의 존재 사이에 존재하는 정신으로서, 인간과 신을 중재한다. 인간은 '사랑'이라는 정신을 통해 신과 상호작용한다. 필멸하지도 않고 불멸하지도 않으며, 궁핍하지도 않고 풍요롭지도 않으며, 지혜롭지도 않고 무지하지도 않은 '사랑'은 그러므로, (사랑받는) 수동성이 아니라 (사랑하는) 능동성이다. 그런데 아름다운 대상 앞에서 무슨 일이 벌어지는가? 플라톤은 이렇게 대답한다.

"신과 같은 얼굴이나 '아름다움'을 제대로 보존한 신체적 형태를 보면, 떨리고 두려움이 덮친다. (⋯) 그를 보고 나면 냉담함이 땀과 고열로 바뀐다. (⋯) 아름다운 소년보다 더 중요한 것은 그의 영혼에 없다. 엄마나 형제들이나 친구들은 아무것도 아니다. 기꺼이 다른 모든 것을 홀대하고, 혹시 그 자신이 그것을 잃는다고 한다면 그보다 더 큰 염려가 없을 것이다."[39]

39 Plato, *Phaedrus*, trans. Alexander Nehamas and Paul Woodruff, Hackett, 1995, 251a-52a.

플라톤에게 아름다운 대상은 정열 혹은 욕망에서 결코 자유롭지 않다. 영국의 철학자이자 수학자인 화이트헤드Alfred North Whitehead가 "유럽의 철학전통은 플라톤에 대한 일련의 주석"[40]이라고 했듯, 아름다움에 대한 철학자들의 견해는 플라톤적이거나 반反플라톤적이다. 아름다움의 개념에 대해 칸트와 쇼펜하우어는 플라톤과 대립한다. '욕망으로부터 초연한' 아름다움을 정식화한 칸트처럼, 쇼펜하우어는 아름다운 대상을 접했을 때 발생하는 사태를 다음과 같이 쓰고 있다.

"이전의 욕망의 길 위에서 항상 추구했으나 항상 빠져나간 평화가 그때 모두 즉각적으로 저절로 우리에게 와서 우리와 함께 잘 머문다. 그것은 에피쿠로스가 최고의 선이라고 칭송한, 그리고 신들의 상태라고 칭송한 고통 없는 상태다. 우리는 당분간 의지의 비참한 분투에서 자유롭다. 우리는 의지의 징벌적 노예 상태로부터 안식을 지킨다. 익시온의 바퀴가 멈춘다."[41]

---

40 "The safest general characterization of the European philosophical tradition is that it consists of a series of footnotes to Plato," Alfred North Whitehead, *Process and Reality*, Free Press, 1979, 39쪽.

41 Arthur Schopenhauer, *The World as Will and Representation*, trans. R. B. Haldane and J. Kemp, Kegan Paul, Trench, Trubner, 1883, Book III, sec. 38.

아름다운 대상 앞에서 왜 익시온Ixion의 영원히 회전하는 불 (욕망)의 수레바퀴가 멈추는가? "아름다운 것은 모두 경외감과 기쁨, 열정적 동경, 사랑의 충격, 그리고 황홀의 전율을 생산한 다"[42]던 플로티노스Plotinus의 언명은 어디로 사라졌는가? 아름 다운 대상에 도대체 무슨 사태가 벌어졌는가? 헤겔에 따르면 그것은 18세기에 비판적 판단이 출현함으로써 발생한 일이다. 예술작품은 더는 이전 시대처럼 영혼의 정신적 요구를 만족하 게 하지 않는데, 그것은 우리가 반성적 경향과 비판적 입장이 너무 강해, 예술작품의 내밀한 생명력까지 뚫고 들어가 그것과 동일시되려고 하지 않기 때문이다. 아름다운 대상을 대하는 우 리의 태도가 변했다는 것이다. 우리는 아름다운 대상을 미학적 판단이 제공하는 비판적 틀에 따라 수용한다. 그러므로 아름다 운 대상이 우리에게 유발하는 것은 그것의 즉각적 향유가 아니 라 판단이다. "예술작품은 더는 현대인에게 정신에 황홀감이 나 신성한 공포를 야기하는, 신성한 것의 구체적 나타남이 아 니라, 자신의 비판적 취미를 행사하는 특권적 기회다."[43]

---

42   Plotinus, *Enneads*, I 6.4.15-18.

43   Giorgio Agamben, *The Man Without Content*, trans. by Georgia Albert, Standford Univeristy Press, 1999, 40-41쪽.

아름다운 사태는 우리의 열정이나 욕망 '밖'이 아니라 '안'에서 발생한다. 가장 현실적인 철학자 흄David Hume이 "취미의 표준에 관하여Of the Standard of Taste"(1757)에서 주장하듯 우리의 미적 판단은 감성에, 그리하여 편견에 물들어 있다. 예컨대 축구경기에서 우리 팀이 스포츠정신을 지키면서 절묘한 기술로 슈팅해서 득점했을 때 우리는 그것이 '아름답다'고 하지만, 상대 팀이 그럴 경우 그러한 쾌감도 없고 그리 말하지도 않는다. 해가 매일 지지만 우리는 석양의 아름다움을 매일 느끼지 않는다.

아름다움이 열정과 욕망에서 벗어나 비개인적 사태로 바뀐 것은 중세의 교회(성직자들)가 초래한 일이다. 이탈리아의 기호학자, 철학자, 역사학자, 미학자 에코Umberco Eco에 따르면[44] 중세에 미학적인 것의 발전과 종교적 영역 사이에 긴장이 생겼다. 예술이 급속히 전개되어 미학이 성직 영역 너머에서 발전하면서, 예술과 음악의 세속적 향유는 교회에 큰 도전이 되었다.[45] 그리하여 오직 성스러운 것이었던 예술과 미학이 일상

---

44 Umberto Eco, *Art and the Beauty of the Middle Ages*, trans. Hugh Bredin, New Haven and London, 1986.

45 "미학적 현상의 자율적 검토에 유사한 무엇은 유럽의 중세사회에서 처음 나타난다." Giorgio Agamben, 같은 책, 3쪽.

적이고 세속적인 표현으로 변형되는데, 이 시기 성聖 아퀴나스 St. Thomas Aquinas와 같은 성직자들은 출판물을 통해 아름다움을 '내적인' 가치로 개념화함으로써 물질성에서 벗어나게 하려고 애썼다. 아퀴나스는 세속적 욕망을 불러일으키고 산만하게 함으로써 내밀한 정신성으로부터 멀어지게 한다는 이유로 기악을 전례에 전적으로 금지했으며, 성 베르나르도St. Bernard는 과도한 교회장식을 비난했다. 에코에 따르면 성과 속, 도덕적 가치와 미학적 가치의 통일은 중세의 감수성을 온전하게 통합하기 위해 요청된 과제였다. 성직자들은 도덕과 미학 간의 갈등을 현실의 미를 '내적인 무엇'으로 그려냄으로써 해결하고자 했는데, 소위 '내적인 아름다움internal beauty' 혹은 '내면의 아름다움', 그리고 그에 대립한 '피상적 아름다움'이라는 개념이 그에 따라 생겨났다.

아름다움을 식별하고 감상하고 판단하는, 오늘날 비평가라 부를 수 있는 "취미 인간man of taste"이라는 인물이 출현한 것은 17세기 중엽쯤이다.[46] 그리하여 창조할 수는 없지만 판단할 수 있는 그는, 이제부터 점증적으로 분명한 방식으로 서구예술의

---

46   Giorgio Agamben, 같은 책, 13쪽.

발전을 지배한다.[47] 흄은 '이상적인 비평가'를 이렇게 제시한다. "섬세한 감성과 통합된, 실천에 의해 향상된, 비교에 의해 완전하게 된, 모든 편견에서 벗어난 강한 감각만 오직 비평가를 그러한 가치 있는 인물의 자격을 부여할 수 있다. 그리고 어디서 발견하든, 그러한 접합된 평결은 취미와 아름다움의 진실한 표준이다."[48] 흄이 보기에 아름다움을 훌륭하게 판단하기 위해서는, 비평가의 정신이 냉정하게 집중해서 "완전한 평정"의 상태에 놓여 있어야 한다. 칸트 또한 욕망으로부터 '완전히' 벗어나기를 요구한다. 그러나 니체는 흄과 칸트가 아름다움의 판단을 위해 요구하는 냉정한 중립적 정신을 비판한다.

"내가 강조하고자 하는 것은 다만, 모든 철학자처럼 칸트는 미학적 문제를 예술가(창조가)의 관점에서 상상하기보다 예술과 아름다움을 순전히 '관객'의 관점에서 고려하고, 무의식적으로 '아름다움'의 개념 속에 '관객'을 끌어들였다. (⋯) 그런데 그 반대가 항상 사실인 것 같다. (⋯) 칸트는 '관심 없는 쾌감을 주는 것'이야말로 '아름답다'고 말했다. 관심이 없다

47　같은 책, 23쪽.

48　David Hume, "Of the Standard of Taste," In *Essays: Moral, Political and Literary*, ed. by Eugene Miller, Liberty, 1985, 241쪽.

니! 진정한 '관객'이자 예술가인 스탕달이 한때 틀 지운 정의
와 비교해보라. 그는 한때 아름다움을 행복의 약속이라고 불
렀다. 어찌 되었든, 그는 미학적 조건에 대해 칸트가 강조한
무관심성이라는 논점을 거부하고 부정했다. <u>칸트와 스탕달
중 누가 옳은가?</u>"[49] (밑줄은 필자가 쳤다)

니체가 보기에 진짜 관객이자 예술가인 스탕달의 태도와 대
조적인 아마추어 감상자의 중립적 정신은, 더 고양된 아름다
움, 오직 디오니소스적 정신만 감식해낼 수 있는 '어려운' 아름
다움을 포착할 수 없다. 그럴 뿐 아니라 '욕망에서 벗어난' 순
수한 쾌감으로 보이는 것이 실제로는 에로틱하거나 성적性的
쾌감일 수 있는데, 단지 칸트와 같은 청교도적 사상가는 그것
을 볼 수 없고 인식할 수 없을 따름이다. 꽃을 성적으로 볼 수
있다. 미국 20세기의 독보적 화가 오키프Georgia O'Keeffe의 꽃 그
림들이 그렇다. 미국의 시인 우슉Pamela Uschuk은 묘비 사이에
활짝 핀 장미가 거의 음란하다고 표현했다.[50] 그렇다고 해서 성
적으로 봐야 꽃의 아름다움을 감상할 수 있다는 말은 아니다.

49　Friedrich Nietzsche, A Genealogy of Morals, In *The Works of Friedrich Nietzsche*, Vol. X,
ed. by A. Tille, trans. by W. A. Hausemann, The MacMillan Company, 1897, 139-140쪽.

50　Pamela Uschuk, *Blood Flower*, Wingspress, 2015, 67쪽.

니체는 다음과 같이 서구의 무관심성의 예술과 아름다움의 개념이 문화를 죽인다며 그에 맞선다.

"우리로 하여금 문화를 잃어버리게 한 것은 예술에 대한 우리 서구의 생각이다. (…) 우리의 무기력하고 무관심성 disinterested의 예술이라는 생각에, 격렬하게 에고이즘적이며 황홀한 관심성interested의 예술이라는 생각이 대립한다."**51**

니체에게 예술은 권력에의 의지의 본질적 특성에 부여하는 이름이다. 칸트의 무관심성 개념의 문제는 그러한 아름다움이 현실적이지 않다는 것이 아니라, 그것을 '유일한 아름다움'으로 규정한다는 것이다. 그로써 다른 형태의 아름다움을 배제한다는 것이다. 칸트의 아름다움 개념에 맞아떨어지는 예술작품만 남긴다면, 에로티시즘에 물든 것을 모두 배제한다면, 서구 예술은 과연 얼마나 남을 것이며 어떻게 성립할 수 있을까? 아름다움이 아니라 숭고를 미학적 특질의 핵심으로 삼는 현대예술**52**은 어떤가? 그런데 칸트가 제시하는 아름다움은 '예쁨' 쪽

51　Giorgio Agamben, 같은 책, 2쪽.
52　리오타르의 주장에 따르면, 현대예술은 이제 아름다움이 아니라 숭고성을 미학적 특질의 핵심으로 삼는다. Jean-Francois Lyotard, *The Postmodern Condition: A Report on*

보다 '숭고' 쪽에 가깝다. 아름다움과 숭고는 '감각적으로 좋음agreeable'과 달리 감각에 의존하지도, '실천적으로 좋음good'과 달리 규정적 판단에도 의존하지도 않는다는 점에서, 그러니까 '반성적 판단judgment of reflection'이라는 점에서 특성이 같다.[53] 따라서 칸트의 아름다움 개념은 현대예술을 외면하기보다 해명하고 재구성할 수 있는 틀로 삼기에 온당하다. 온당할 뿐 아니라 깊이의 문제를 다루는 데 적실하다.

Knowledge, University Of Minnesota Press, 1984.
53 아름다움과 숭고함의 차이는, 후자는 전자와 달리 무형식적인 대상에서 발견된다는 것, 오직 간접적으로만 발생한다는 것, 그리고 부정적 쾌감이라 불러야 한다는 것 등이다. 그리고 칸트가 보기에 숭고함은 예술작품이 아니라 자연적 대상과 연관되는, 그래서 인공미라기보다 자연미다. Immanuel Kant, *Critique of Judgment*, 1987, 같은 책.

7

아름다움의 깊이

아름다움은 행복을 약속한다. 아름다운 대상 앞에서 우리는 비록 현실적 가능성이 희박하거나 없더라도, 상상으로나마 그 것이 나의 것이 될 수 있다거나 내가 거기에 속할 수 있다는 기 대로 (잠시나마) 행복을 느낀다. 아름다움은 나와 전적으로 무 관한 일이어서 감히 꿈도 꿀 수 없고 환상조차 가질 수 없는 일 이라면, 그래서 고개를 돌려 기어이 외면해야 할 것이라면 그것 은 참으로 비참하고 고통스러운 일이 아닐 수 없다. 고통스러운 것, 불쾌한 것은, 마조히스트가 아닌 한 절대 아름답지 않다.

아름다움이 행복을 기약하듯 사랑 또한 그렇다. 사랑은 플라톤이 유명한 '잃어버린 반쪽' 이야기로 말했듯, 프랑스의 작가 프루스트Marcel Proust에게도 "욕망의 열락만큼이나 고뇌의 고통 속에서"[54] 온전한 하나 됨을 요구한다. 우리는 오직 우리가 소유하고 있지 않은 것을 (혹은 라캉의 논지에 따라, 결코 소유할 수 없는 것을) 사랑한다. 그로써 우리의 결여를 채워 온전한 존재가 되기를 갈망한다. 사랑이 그렇듯 아름다움도 그렇다. 프랑스의 사상가이자 소설가인 바타유Georges Bataille는 아름다움이란 우리가 소유하지 않은, 그래서 간절히 소유하기를 욕망하는 대상에서 나타나는 것이라고 하지 않던가? 아름다움이라는 꽃은 이미 준 것밖에 약속할 수 없을 때 시들고 소멸한다.

아름다움은 그렇게 나의 욕망과 결코 무관할 수 없다. 그런데 아름다움은 행복 자체가 아니라 행복의 약속이라는 점에서 불확실하다. 불안하다. 그리고 아름다움은 (선과 악의) 개념에 '앞서 혹은 넘어' 나타난다. 아름다운 것은 윤리와 도덕이, 참과 거짓이 간섭하지 않는다. 경제적·사회적 계급의식도 침해

54　Marcel Proust, *The Captive*, trans. C. K. Scott Montcrieff and Terence Kilmartin and Andreas Mayor, Random House, 1981, 102쪽.

하지 않는다. 아름다운 대상은 오직 아름다움으로써만 우리를 매혹한다. 그리하여 우리를 규범과 규정된 것으로부터, 사회적 지위와 정치적 노선으로부터 자유롭게 하는데, 정확히 그로써 우리를 위험에 노출하기도 한다. 그래서 플라톤이 보기에 아름다움은 세속적 존재를 넘어 최고의 선으로 인도하는 메신저이지만, "사람들은 아름다움이 악마의 덫이라고들 한다."[55] 러시아의 대문호 도스토옙스키Fyodor Mikhailovich Dostoevskii는 『카라마조프 가의 형제들』에서 이렇게 썼다.

> "끔찍한 것은, 아름다움이 두려우면서도 신비하다는 점이다. 신과 악마가 거기서 싸우는데, 인간의 마음이 전쟁터다."

이성의 빛을 흐리는 아름다움은 정확히 그러한 까닭에 즐거우면서도 위험하다. 칸트의 아름다움 개념은 그러한 이중성을 다룰 방도를 제시한다. 그가 아름다움의 근거로 제시한 '반성적reflection 판단'은 긍정성과 부정성을 동시에 내포한 아름다움의 문제를 푸는 열쇠다. 그것은 또한 진정한 의미에서 깊이의 유무를 판별하는 리트머스이기도 하다.

---

55   Georges Bataille, *Erotism: Death and Sensuality*, Walker and Company, 1962, 270쪽.

칸트는 아름다움과 숭고를 '반성적 판단'이 야기하는 쾌감으로 해명한다. 반성적 판단이란 무엇인가? 칸트에 따르면 일반적으로 판단은 "특수한 것을 보편적인 것 아래 속한 것으로 생각하는 능력"을 뜻한다. 그런데 반성적 판단은, 보편적인 것(규칙, 원리, 법)이 주어져 그 아래 특수한 것을 포섭하는 '규정적determinative 판단'과 달리, 오직 특수한 것만 주어진 상황에서 그것을 판단하기 위해 (찾을 수 있다고 상정하는) 보편적인 것을 찾고자 하는 능력이다.[56] 또한 '반성적 판단'은 '감각적으로 즐거운 것agreeable'과 달리 감각에 의존하지도, '실천적으로 좋은 것good'과 달리 규정적 개념에 의존하지도 않는다. 미학적 판단은 "술어가 결코 인식(대상의 개념)일 수 없는 판단"[57]이어서 감각에 휘둘리지도, 개념에 구속되지도 않는다. 미학적인 (반성적) 판단은 감각과 인식의 틀로부터 해방된 상태에서, 그렇게 만든 사태를 상상과 이해로써 파악하고자 하는 자유로운 놀이다. 상상한 것을 이해하도록 하고 이해한 것으로써 상상하게 하는 정신의 활동이다. 반성적 판단은 그렇게 상상력 속에 이성이 움직이고 이성 속에 상상력이 작동하는 자유로운 놀이인

56 Immanuel Kant, 1987, 같은 책, 18-19쪽.

57 같은 책, 224쪽.

데, 아름다움은 바로 그로써 생기는 즐거움이다.

칸트의 아름다움은 개념적으로 곧바로 이해할 수 없는 것을 상상력을 통해 이해하도록 요청하는 '어려운' 아름다움이다. 혹은 바로 그러한 어려움을 깊이라 부를 수 있기에 '깊은 아름다움'이라 할 수 있다. 그에 반해 반성적 판단이 아니라 규정적 판단 속에 놓인 아름다움('감각적 즐거움')은 이해를 요청하지 않는 까닭에, '쉬운' 아름다움 혹은 '피상적 아름다움'이라 할 수 있다. '쉬운' 아름다움은 이성적 판단이 들어설 여지를 없애거나 약화한다. 우리로 하여금 아름다운 대상을 단순히 오락거리로 소비하거나 더 나아가 그 대상에 함몰되어 자아(와 세계)를 망각하게 한다. 자본주의의 꽃이라 불리는 광고 이미지와 아름다운 상품이 그러하고 성형미가 그러하다. 천문학적 자본과 최첨단의 기술과 뛰어난 예술적 재능으로 만들어내는 광고 이미지는 비판적 사유를 비켜나갈 수 있는 모든 심리적 · 미학적 장치를 동원해, 상품이 아니라 행복을 파는 것이라는 환상을 불러일으킨다.[58] 남의 시선을 지나치게 의식하는, 게다가 경

---

[58] Wilson Bryan Key, *The Age of Manipulation: The Con in Confidence, The Sin in Sincere*, Madison Books, 1993.

쟁에 내몰린 한국인들은 맹목적 과시소비로 그에 부응한다. 성형광고 또한 그러한데, 그것이 약속하는 것 또한 얼굴 모습의 개선이 아니라 질적 삶의 수직적 상승(의 환상)이다.

아름다운 용모가 구직, 환심, 사랑 혹은 연애, 결혼 등 거의 총체적인 삶의 질에 얼마나 큰 영향을 미치는지는 새삼 거론할 바 아니다. 아름다운 얼굴은 자기만족감과 자신감을 넘어 사회적 경쟁력을 높여 한 인간의 삶의 행복에 적지 않은 영향을 미친다.[59] 최순실 사태로 탄핵심판대에까지 올라 대한민국의 모든 시선의 초점이 되어온 전前 박근혜 대통령은, 지도자의 격에 턱없이 못 미치는 미숙한 언어구사력도 문제였지만, 해가 거듭될수록 사라져가는 주름살과 변해가는 얼굴 윤곽은 적잖은 충격이었다.[60] 그는 특히 공감하고 대화하는 능력이 떨어져 '불

59   영국 시장조사기관 유로모니터가 2014년 발표한 '세계 화장품시장 분석' 보고서에 따르면, 한국 남자의 한 사람당 월간 화장품 구매 비용이 세계 1위로 2위인 덴마크의 4배에 육박한다. 화장품 사용량도 많다. 2015년 5월 식품의약품안전처의 '국내 화장품 소비자 사용실태' 보고서에 따르면, 한국 남자는 월평균 13.3개 화장품을 사용한다. 트렌드연구소 인터패션플래닝이 드러그스토어를 이용하는 남성들에게 화장품을 사용하는 이유를 조사한 결과, 이들 남성의 39%는 '자신감을 얻기 위해', 32%는 '경쟁에서 우위를 점하기 위해'라고 응답했다. 70% 이상의 남성이 경쟁사회에서 외모로 우위를 점하려고 화장한다. http://weekly.donga.com/3/all/11/540662/1
60   「박 대통령 12년간 얼굴 변천사 '주름살 사라지고 피부 탱탱'」, 헤럴드경제, 2017. 1. 20.

통'으로 유명한데,[61] 얼마 전 이탈리아 고등연구국제대학 연구팀의 보고에 따르면, 보톡스 주사를 맞은 사람은 그렇지 않은 사람에 비해 타인의 말이나 표정에서 감정을 읽는 능력이 떨어진다.[62] 연구자들은 그러한 보톡스 부작용을 "우리 몸의 감각 또는 행동이 정신에 영향을 미치는 현상"을 뜻하는 "체화된 인지" 개념으로 설명한다. 슬픔이나 행복감에 관련된 자극에 표정근육이 제대로 피드백하지 못하기 때문이라는 것이다. 우리 말 '얼굴'이 영혼을 뜻하는 '얼'과 통로를 뜻하는 '굴'이 합쳐진 것이라면, (자신이든 타인의) 얼굴을 볼 때 '얼'보다는 '굴'에 더 관심을 두는 것이 또 다른 이유가 아닐까 싶다. 표정이 드러내는 내면의 감정을 읽으려 하기보다, 표정을 만들어내는 얼굴의 물리적 아름다움에 더 관심을 쏟는 것도 중요한 이유일 듯싶다. 인간은 자신이 보고 싶은 것을 먼저 볼뿐 아니라 그 나머지는 대개 간과하는 법이니 말이다. 떡집에 관심을 가지면 평소

61　서울대학교 시흥 캠퍼스 문제로 학생들이 "1990년 이후 최장기 농성을 벌이고 있는", 우리나라 최고의 엘리트 집단인 서울대학교가 보여주는, "사제지간이 뒤엉킨 '막장' 드라마"를 접하건대(「서울대 시흥캠 갈등, 불신만 있고 소통 없다」, 중앙일보, 2017. 1. 27.) 한국인들 대부분 공감에 근거한 소통 능력이 결코 좋다고 할 수 없다. 그런데도 소통이 핵심인 정치 영역, 그것도 정치의 지도자들에게 그러한 능력은, 반드시 갖춰야 할 일차적 덕목이라는 점에는 누구든 반박하기 어려울 것이다.

62　「보톡스 많이 맞으면 타인 감정 못 읽어」, 파이낸셜뉴스, 2017. 1. 25.

에 보이지 않던 떡집이 여기저기 보이는 것과 같은 이치로, '어리고 아름다운' 모습이 중요한 사람에게는 늙어감과 늙어감이 수반하는 '인간적인, 너무나 인간적인' 면면이 잘 보일 리 없다. 우리말 속담이 말하듯 "개 눈엔 똥만 보인다."

스페인 출신 영화감독 알레한드로 아메나바르의 〈오픈 유어 아이즈〉(1997)는 아름다운 얼굴이 한 인간의 삶의 행복과 얼마나 밀접한지, 그러한 것이 얼마나 무망한 일인지 극적으로 보여준다. 추한 얼굴을 가리는 가면, 마술적인 성형수술, 기억의 조작, 무의식 등 이 모든 사태들은 오직 아름다운 얼굴이 가져다주는 행복과 자신감을 중심으로 발생한다. 주인공은 차 사고를 겪게 되는데, 그의 삶의 유일한 기쁨인 사랑은 그로 인해 망가진 모습 때문에 차단된다(고 믿는다). 그리고 현실을 정확히 응시하고 정직하게 받아들일 수도 없다. 그러할 때 주어지는 것은 자살함으로써 현실을 포기하거나 현실을 조작해 살아가거나 둘 중 하나다. 미국 영화감독 데이비드 린치는 실화에 토대를 두고 만든 영화 〈엘리펀트 맨〉(1980)에서 인간을 수단이 아니라 목적으로서, 그리고 인간의 아름다움을 외양이 아니라 내면의 것으로서 발견하고, 인정하고, 받아들이고, 나누는 것이, 얼마나 어려운지 혹은 불가능한지 극적으로 보여준다.

엘리펀트 맨의 항의는 모든 점에서 옳고 정당하지만, 누구도 긍정하고 수용하고 실천하기 어렵다. 추하게 기형화된, 그래서 오직 구경거리 대상으로 전락한 몸의 정신은 이렇게 항의한다.

"나는 코끼리가 아닙니다. 나는 동물이 아닙니다. 나는 인간입니다. 나는 남자입니다!"

켄 로치는 〈나, 다니엘 블레이크〉(2016)에서 가난한 여인의 입을 통해 이렇게 항의한다.

"내 이름은 다니엘 블레이크입니다. 나는 개가 아니라 인간입니다. 나는 나의 권리를 요구합니다. 인간적 존중을 요구합니다."

광고 이미지처럼 이미 알고 있는 것들로 구성되어 곧장 이해할 수 있는 '쉬운 아름다움'은 프로파간다의 방편으로 쉽게 전락한다. 소위 예술의 정치화 현상인데 이것은 정확히 히틀러가 이용한 '정치의 미학화'에 (나쁜 방식으로) 상응한다. 마네 Edouard Manet의 〈올랭피아Olympia〉(1865) 패러디로 박근혜 대통령을 조롱해 한창 구설에 오를 뿐 아니라, 정치적 파문까지 일게 한 작가 이구영의 〈더러운 잠〉이 그렇다. 대통령을 풍자한 그림으로 가장 큰 유명세를 얻은 작가 홍성담도 그러한데, 그러한 깊이 없는 작품들은 예술에서 정작 중요한 아름다움의 문제를 외면한 대가로, 작의와 무관하게 여성혐오와 표현의 자유라는 비非미학적 시선에 포박되는 값을 지불한다. 풍자는 '여자'가 아니라 대통령을 겨냥해야 옳다. 약자를 조롱하거나 강자를 찬양하는 것은 모두 비굴한 행위로서 비난의 대상이 될 뿐이다. 〈더러운 잠〉의 사건이 흥미로운 것은, 더불어민주당이 전시회를 유치한 소속의원 표창원을 징계한 것과 대조적으로, 보수언론의 대표 조선일보는 (미국과 캐나다의 선례들을 거론함으로써) 표현의 자유를 옹호하는 입장을 보인다는 점인데,[63] 예술작품은 근본적으로 그러한 문제를 떠나 예술/미학/문화 비평의 입장에서 다루는 것이 옳다. 미학적 완성도는 외면한 채 정치적 구호를 직설적으로 그림으로 옮긴, 그래서 보는 즉시 누구나 읽는 작품을 전시하는 일은 큐레이터가 책임질 일이지 작가나 정치가의 문제가 아니다.

　모든 것이 예술이 되어버린, 소위 명품으로 불리는 상품이

63　「박근혜 대통령 조롱한 '더러운 잠' 미국판도 있었다」, 조선일보, 2017. 1. 26.

오늘날 대중이 향유하는 최고의 예술작품의 역할을 떠맡는, 그뿐 아니라 성性을 포함해 모든 금기를 오직 자본의 운동을 위해 깨는, 그리하여 아방가르드 예술을 개입시키기도 구분하기도 어려운 소비사회에서 비평은 역사적으로 전례가 없을 정도로 절박하다. 오늘날 우리가 처해 있는 사회적 환경이 그렇게 난처한 상황임에도 불구하고, 작가들이 아니라 비평가들이 '어려운 아름다움'을 고무하기는커녕 '쉬운 아름다움'을 주창한다. 미국 미술 평단의 '이단아'로 불린다는, 손택Susan Sontag, 단토 Arthur Danto 등과 함께 미국 미술계 안팎으로 가장 강력한 영향력을 행사한다는 『보이지 않는 용The Invisible Dragon』(1993)의 비평가 히키Dave Hickey가 대표적이다.

히키는 단적으로 "작품의 겉모습을 그 안에 담긴 '의미'보다 중요시"한다.[64] 예술을 바라보는 경험은 절대적으로 즐거워야 한다는 것이 핵심 주장인데, 그러한 견해는 미국 예술계의 변화에 대한 분노에서 비롯한다. 그에 따르면 미국의 예술계는 1950년대 이후 줄곧 전문화와 제도화 과정을 밟았다. 1980년대에 이르러서는 급기야 (당대의) 예술이 무엇인지, 그것은 왜

64　데이브 하키, 『보이지 않는 용』, 박대정 옮김, 마음산책, 2011.

존재하는지, 왜 우리가 그것에 관심을 가져야 하는지 누구도 설명할 수 없는 지경에 이르렀다. 예술가가 되기 위해서는 예술대학에 가야 하고, 적어도 구조주의와 후기구조주의와 같은 인문학에 대해 대화할 수 있도록 만든 예술의 제도화가 초래한 결과다. 그뿐 아니라 제도들은 색채와 형태와 질감을 조화롭게 배합해 유혹하는 능력을 배양하지 않음으로써 '평등 급진주의'라는 예술의 목적과 힘을 서서히 바꾸었다. 히키에 따르면 예술의 힘은 아름다움을 바라보는 순정한 기쁨, 곧 스트립쇼에 대한 욕망과 동일시로 얻는 모호하고 얼어붙게 하는 개인적인 전율에 있다. 그러한 아름다움으로써 세상의 민주화에 복무하는 것이 수 세기에 걸쳐온 예술의 존립이유와 효과인데, 그 가치가 20세기 종말에 이르러 비방되고 중성화되어 효과를 상실했다는 것이다.

히키가 언급하는 '평등주의를 급진적으로 고무하는' 아름다움은 그가 열렬히 지지하는 그의 오랜 친구이자 사진작가였던 메이플소프Robert Mapplethorpe의 작품이 잘 보여준다. 에이즈로 죽은 메이플소프는 흑인 남성 누드, 여성 누드, 동성애, 에이즈 등 동시대의 금기로 간주된 도발적 주제를 대담하게 담아 에로티시즘을 집요하게 탐구했다. '포르노그래피적 위협'이라고 조롱받은 그의 〈X Portfolio〉는 표현의 자유를 상징하는 아이콘으로 유명한데, 히키에 따르면 그것은 오직 반체제적 즐거움을 기뻐하는 데 헌정된 작품이다. 특히 그로써 헬름스Jesse Helms 상원의원과 그의 부류들이 도발하게 한 것은 '민주주의의 무기로서의 아름다움'의 힘을 전형적으로 보여준다. 이론에 빠진 비평, 큐레이터의 제도화, 난해한 예술제작 등과 달리 포르노그래피에 접근하는 메이플소프의 작품은, 주변으로 밀려난 대안적 아름다움을 구제하고 그로써 권력자들을 위협한다. 리키의 눈에는 그럴 뿐 아니라 이탈리아의 거장화가 카라바조의 〈의심하는 도마〉(1601)에 필적하는 〈X Portfolio〉는, 우리를 유혹해 우리의 불신을 재평가하고 바꿀 수 있는 아름다움에 이르는 문을 열어, 우리 자신의 눈으로 보는 것이 스스로를 얼마나 배신하는 일인지 알게 한다.

작품의 깊이란 대개 의미의 복합성, 곧 가시적 대상에 들러붙는 비가시적인 것, 다시 말해 주어진 명백한 의미(나 파토스)에 주어지지 않은 의미들(이나 파토스들)이 중층적 관계를 형성하는 것이라고 한다면, 메이플소프의 작품들이 제시하는 포르노 에로티시즘은 그것이 놓이는 사회적 맥락에 의해 깊이를 획득한다고 할 수 있다. 그런데 앞에서 썼듯 성을 포함해 모든 것들이 상품이 된 후기 자본주의 사회에서, 그러한 주제 혹은 형식이 과연 주변성이나 금기의 침범이라는 가치를 획득할 맥락이 얼마나 유효한지 모르겠다. 게다가 설령 그럴 수 있다손 치더라도 그럴 경우 '의미보다 겉모습'이라는 리키의 주장은 유지되기 어렵다. 이렇든 저렇든 그가 제시하는 피상적 아름다움은 잠깐의 쾌락, 그것도 굳이 예술적이라고 할 수 있을지 의심스러운 쾌락에 그칠 공산이 크다. 그리고 '평등 급진주의'라는 예술의 목적과 힘은 랑시에르가 해명했듯 칸트의 아름다움 개념이 더 분명하고 정확하게 구현한다. 칸트의 무관심성의 아름다움은 경제적·정치적 계급의식 이전에 나타나기 때문이다. 세속적 관심사로부터 해방된 아름다움만큼 급진적인 평등주의는 없다. 그런데도 그러한 평등주의는 자유시장경제체제에 비하면 조족지혈이다. 시장체제는 대통령도 작은 마을에 사는 가난한 아이도 꼭 같은 맥도날드 햄버거와 버거킹의 빅맥을 먹게 한다.

"아름다움이 세상을 구원할 것이다." 도스토옙스키가 『백치』의 주인공 미슈킨 공작의 입을 통해 선언한 언명이다.[65] 세

---

[65] 러시아의 양심으로 불린 노벨문학상 작가 솔제니친(Aleksandr Solzhenitsyn)은 여

상을 구원하는 아름다움이란 어떤 것인가? 미슈킨 공작은 고통 중에 실재의 심장인 아름다움을 일별한 후 다음처럼 묘사한다.

> "내가 그 순간을 떠올리고 분석한다면 그것은 최고도의 조화와 아름다움의 하나, 곧 무한한 기쁨과 황홀, 도취의 헌신으로 흘러넘치는 가장 심원한 감각과 가장 온전한 삶 같았다고 한다면, 단지 질병 곧 뇌의 비정상적 긴장일지언정 그게 무엇이 중요하랴?"

베네딕토 16세 교황은 회칙 '신앙의 빛Lumen Fidei'에서 도스테옙스키의 그 언명을 이렇게 해석한다.

> "도스테옙스키의 『백치』에서 미슈킨 공작은 한스 홀바인의 그림 〈무덤 속에 있는 돌아가신 그리스도의 육체〉를 보고 말한다. '저 그림을 보면 믿음을 잃을 수도 있겠다.' 그림은 그리스도의 육체에 죽음의 파괴적 효과가 섬뜩하게 묘사되어

러 해 동안 그 말을 무시했지만 결국 도스테옙스키의 그 언명은 부주의한 어구가 아니라 예언이라는 것을 깨달았다. 요한 바오로 2세 교황은 그 문장을 인용해 예술가들에게 보낸 편지의 제목("아름다움의 구원의 힘")으로 삼았고, 베네딕토 16세 교황은 그 맥락 안에서 '신앙의 빛(Lumen Fidei)'이라는 회칙 초안 중 "예술가들과의 만남"에서 "인간 삶에 절대적으로 본질적인 아름다움의 역할"을 강조했다.

있다. 그런데 정확히 예수의 죽음에 대한 숙고 안에서 믿음이 더 강하게 자라고 눈부신 빛을 받아들인다. 그래서 그것은 우리에 대한 그리스도의 변함없는 사랑, 곧 우리가 구원에 이르도록 죽음을 끌어안을 수 있는 사랑에 대한 믿음으로 드러난다. 사랑의 깊이를 보여주기 위해 죽음 앞에서 태연한 그 사랑은 내가 믿을 수 있는 무엇이다. 그리스도의 전적인 자기-선물[66]은 모든 의심을 극복하고 내가 나 자신을 그에게 전적으로 위탁할 수 있게 한다.''

그리하여 교황은 '진정한 아름다움'을 다음과 같이 제시한다.

"그런데 너무 흔히, 우리에게 다가오는 아름다움은 환영에 지나지 않고 기만적이고 피상적이고 맹목적이어서 보는 이를 멍하도록 내버려둔다. 그를 그 자신으로부터 끌어내어 높이 데리고 가며 진정한 자유의 지평들을 열어주는 대신, 그자신 안에 감금시키고 더 나아가 그를 노예가 되도록 해 그에게서 희망과 기쁨을 박탈한다. (…) 그러나 진정한 아름다움은 인간 마음의 동경이 향해 있는, 타자를 알고자, 사랑하고

---

[66]   자기 자신을 (희생함으로써) 우리에게 선물로 내어놓는다는 뜻이다.

자, 그를 향해 가고자 하는, 너머를 향해 도달하고자 하는 심원한 욕망을 열어준다. 아름다움은 우리를 친밀하게 건드린다는 것을, 우리에게 상처를 준다는 것을, 우리의 눈을 열어준다는 것을 우리가 인정한다면, 우리의 실존의 심원한 의미를 보는 기쁨을, 그것을 포착하는 기쁨을 다시 발견할 것이다."

교황이 제시하는 '진정한 아름다움'은 인식과 실존(혹은 파토스)의 두 차원에 걸쳐 있다. 타자의 출현은 우리의 어두운 내면을 건드려 우리로 하여금 타자를 알고자 하고 그를 향해 나아가고자 하게 함으로써, 우리 자신을 벗어나 먼 곳에 있을 진실한 것과 선한 것을 향해 우리의 정신이 움직이도록 한다. 진정한 아름다움이란 미슈킨 공작이 처한 고통과 그리스도의 육체에 가해진 죽음의 파괴적 효과가 가리키듯, 인식적으로 낯선 것, 그리고 감각적으로 아픈 것을 경유하는 기쁨이다. 칸트에 따르면 숭고의 쾌감 또한 (상상력이 이성의 요구를 만족하게 할 수 없는 까닭에) 불쾌감을 경유한다. 그래서 간접적이고 부정적이다. '진정한 아름다움'은 숭고에 가닿는다. 도스토옙스키는 작가 노트에서 이렇게 썼다. "고통은 의식의 원천이다." 그에 반해 '거짓 아름다움'은 자신에 갇혀 얻는 즐거움, 곧 자신(이 안식하는 인식과 감성)에 고립된 채 얻는 즐거움이다. 선이나 진리로 나아가지 않는다. '어려운' 아름다움과 '쉬운' 아름다움, 혹은 '깊은' 아름다움과 '피상적' 아름다움이 뜻하는 바와 다르지 않다.

교황의 '진정한 아름다움'은 칸트가 제시한 반성적 판단과 맞물린 아름다움과 흡사하다. 둘 모두에게서 핵심적인 것은 나 자신의 한계를 넘어서는 것, 곧 알지 못하는 것(타자 혹은 부정성)을 품고 헤아리고 그것을 향해 움직이도록 하는 힘이다. 내가 대면하는 대상이 무엇인지, 내가 거기서 느끼는 파토스는 또 무엇인지 상상하고 추론하는 운동이다. 진리란 영국의 과학철학자 포퍼Karl Popper에 따라 우리가 결코 닿을 수 없는 것(절대적 타자)이라면, 혹은 하이데거Martin Heidegger에 따라 '은폐된 것의 드러남unconcealedness'이라면, 아름다움이란 결국 진리와 맞물리는 사태일 수밖에 없다. 사랑이란 무엇인지, 아름다움이란 무엇인지, 삶이란 무엇인지를 묻게 하는 대상이야말로 우리를 사랑의 진리, 아름다움의 진리, 삶의 진리로 나아가고자 추동한다. 그리하여 니체는 "예술은 진리보다 더 가치 있다. (…) 우리는 진리로 소멸하지 않기 위해 예술을 한다"고 했다. 따라서 진정한 의미에서 깊이란 'X란 무엇인가'를 묻게 하는 사태라고 할 수 있다. 영국의 자연주의 철학자 베이컨Sir Francis Bacon은 "어떠한 그림도 표현할 수 없는 것이야말로 아름다움의 최상의 부분"이라고 했다. 그러한 사태를 우리가 기꺼이 수용해 자유로운 상상으로 그 사태를 헤아리며 사태를 거머쥐고자 하게 하는 아름다움이야말로 진실로 깊이가 있는 것이 아닌가. 사태의 근원을 묻게 하지 않는 것은 깊이가 없다. 혹은 결코 깊다고 할 수 없다.

8

보이지 않는 것

　말의 의미, 특히 '말놀이'인 농담의 의미는 그것이 위치하는 특정한 맥락에 의해 결정된다. 어떤 외국어에 능통하다고 해서 그 언어의 농담을 다 이해할 수 있는 것은 아니다. 심지어 우리말 농담도 맥락을 모르면 이해하기 힘들거나 불가능한 경우가 적지 않다. 의미가 그렇게 맥락과 밀접한 관계를 지니듯 깊이 또한 그렇다. 깊이가 없는 것은 때때로 맥락이 바뀌면서 깊이를 얻는다. '탈de-' 혹은 '재re-' 맥락화contextualization'가 낳는 효과인데, 프랑스의 다다이즘 작가 뒤샹Marcel Duchamp의 유명한 작품 〈샘Fountain〉(1917)이 전범이다. 어디서든 흔히 볼 수 있는 남성용 소변기는 전혀 다른 맥락인 예술 공간에 배치됨으로써 더는 소변기라는 납작한 의미로 종료되지 않는다. 작품이 된 소변기는 더는 일별하고 지나치는 진부한 사물이 아니다. 그것을 주목하게 하고, 어떻게 그것이 예술작품으로 성립될 수 있는지, 도대체 예술이란 무엇인지 거듭 생각하게 한다.

'레디메이드'라는 새로운 개념의 예술형식이 확립되면서 〈샘〉은 이제 도발이나 혁명의 기운이 사라졌다. 그런데도 〈샘〉은 정확히 100년이 흐른 지금도 여전히 논의와 반성의 대상으로 때때로 불려나온다.[67] 큰 충격을 안겼던 〈샘〉은 반복적으로 언급되고 논의됨으로써 '사후적으로' 보이지 않는 깊이를 획득한다. 뒤샹은 이렇게 말했다. "예술은 시간과 공간이 지배하지 않는 영역으로 인도하는 하나의 길이다."[68] 깊이는 예술의 힘을 이해하고 포착하는 가장 중요한 개념이다. 그리고 예술은 깊이를 발견하고 생각할 수 있는 가장 좋은 대상이다. 스위스의 조각가 자코메티Alberto Giacometti는 모더니즘 회화의 대가 세잔Paul Cézanne에 대해 이렇게 말했다. "내가 믿기로, 세잔은 평생 깊이

---

67 Giorgio Agamben, 같은 책.

68 Félix Guattari, *Chaosmosis: An Ethico-Aesthetic Paradigm*, Indiana University Press, 1995, 101쪽.

를 탐구했다." 세잔의 작품을 깊이 탐구한 현상학자 메를로퐁티 Maurice Merleau-Ponty는 자신의 전 생애를 깊이의 탐구에 바쳤다.

예술은 보이는 것으로써 보이지 않는 것을 보게 하거나 느끼게 한다. 예술가는 때때로 그것을 깊이라는 말 대신 영혼이라는 말을 쓰기도 한다. 프랑스 낭만주의 대표화가 들라크루아 Eugène Delacroix에게 그림은 "화가의 영혼과 그걸 바라보는 사람들의 영혼을 잇는 다리"[69]다. 피카소는 세잔에게서 회의를, 고흐에게서 고뇌를 본다. 혹은 느낀다. 그들 이외의 현대미술, 곧 영혼을 느낄 수 없는 것은 피카소에게 모두 가짜다. 작가에게 작품은 자신의 영혼의 표현이다. 새로운 형식의 동양화를 개척한 화가 천경자는 위작 시비에 휘말린 자신의 작품 〈미인도〉에 대해 이렇게 말했다.

"목에다 칼을 대도 제 거 아닌 건 아니라고 할 수밖에 없습니다. 이유가 뭐냐 하면요. 혼이 없어요. 껍데기예요. (…) 화가가 그림을 그릴 때 자기 혼이 결국 여기 박혀 들어가는 그런, 자기는 의식을 않지만은 무슨 그림을 볼 때마다 확 오는

69　김형국, 「살며 생각하며」, 문화일보, 2015. 7. 3.

게 있습니다, 자기 그림은. 제 나름대로의 테크닉이 있거든요. 이것의 경우에 비교를 해보면 알지 않겠습니까? 저렇게 투박하게 그림을 안 그립니다, 제가. 배경처리도 제가 이렇게 엉성하게 처리 안 한다고요. 그리고 이게 또 뭐예요. 이거 밝아야 되거든요. 그리고 입 같은 것, 그리고 제 코랑 비교를 해보시면 아시죠. 얼마나 <u>힘이 없는 허깨비라는 걸.</u> (…) 이게 <u>자기 분신이고 자기 자식 같은 것</u> 아니겠습니까. 제가 그 정도 그림하고 밀착되어서 살고 있습니다. 그런데 아니에요, 저 그림."[70] (밑줄은 필자가 쳤다)

예술가(의 작품)의 생명은 바로 그 (영)혼이라 부르는 것에 있다. 엄밀히 말해, 화가는 자신만의 고유한 스타일로 그림을 그린다고, 그래서 (영)혼이란 사실 그것을 가리킨다고 말하는 편이 옳다. 그 전에, 화가는 먼저 자신의 눈으로 세계를 본다. 그러고서 자신(의 몸)이 세계와 만난 것을 자신의 도구로 표현한다. 시인은 언어로, 음악가는 음으로, 조각가는 공간으로 나타내 보여주는데, 그것은 그가 자신의 몸으로 세계와 만난 것이어서 오직 그만 보고 그만 표현할 수 있는 것이다. 메를로퐁

---

70 "세월X · 미인도 '진실찾기'", 이규연의 스포트라이트, 2017. 1. 1.

티는 이렇게 쓰고 있다.

"예술가는 자신의 몸을 세계에 내어줌으로써 세계를 그림으로 바꾼다. (…) 한 덩어리의 공간이나 한 묶음의 기능으로서의 몸이 아니라, 시선과 운동이 얽힌 몸을. (…) 가시적 세계와 나의 운동 프로젝트들의 세계는 같은 존재Being의 각자의 총체적 부분들이다."[71]

메를로퐁티는 그렇게 인간이 세계와 얽히는 방식, 곧 존재에 참여하는 것을 깊이라 부른다. "내가 깊이라 부르는 것은 아무것도 아니거나, 존재Being에 대한 제약 없는 참여, 곧 모든 (특정한) 관점을 넘어 공간의 존재에 대한 일차적 참여다."[72] 그런데 어떻게 인간이 '모든 특정한 관점'을 넘어설 수 있는가? 그것은 그가 은유적으로 표현하는 "폭연爆燃, deflagration"이라는 지각행위를 통해서다. 메를로퐁티에 따르면 우리의 눈은 오직 세계 속에 도달하기 위해 존재한다. 그리고 우리는 항상 가상적이고 실제적인 거주 능력을 갖춘 우리의 몸을 갖는다. 정동(파

---

71   Maurice Merleau-Ponty, "Eye and Mind," in *The Primacy of Perception*, ed. by James Edie, trans. by Carleton Dallery, Northwestern University Press, 1964. 162쪽.
72   같은 책, 173쪽.

토스)과 표상(로고스)이 얽힌 우리의 눈은, 주변과 관계하는 손과 팔과 힘줄의 눈은, "떨림 혹은 방사에 의한 운동"이라 부르는 것의 진동pulsation, 곧 시간적이고 공간적인 리듬으로 상상적인 것, 실재하는 것, 가시적인 것 그리고 비가시적인 것 등 모든 범주를 뒤섞어 '공존 불가능한 것incompossible'들을 결합한다. 2017년 1월 세상을 떠난 비평가 버거John Berger는 이렇게 썼다.

"인상파 화가들에게 가시적인 것은 사람들이 볼 수 있도록 제시돼 있는 게 아니라, 반대로 끊임없는 유동 속에서 도망쳐 사라지는 것이었다. 입체파 화가들에게 가시적인 것은 더는 단일한 눈과 만나는 것이 아니라, 그들이 묘사하는 사물 또는 인물 주위의 여러 다른 각도에서 본 광경들을 한데 모은 전체를 가리켰다."[73]

메를로퐁티는 고흐Vincent Gogh가 그림을 그리는 순간 "더 멀리 간다"고 했다. 여기서 '더 멀리'는, 보이는 것으로부터 보이지 않는 것으로 더 깊이 나아간다는 말이다. 고흐는 리얼리티의 복사물이고자 하는 대신, "자신의 시선과 시선을 요청하는

---

73 존 버거, 『다른 방식으로 보기』, 최민 옮김, 열화당, 2012, 23쪽.

사물 간의 만남encounter"[74]의 순간 달성한 시선의 깊이를 회복하려고 애쓴다. 그가 자살하기 전 마지막으로 그린 〈까마귀가 있는 밀밭Wheat Field with Crows〉(1890)을 보라.[75] 밀밭, 그리고 심지어 진흙길마저, 우리가 볼 수 있는 풍경들과 달리 마치 폭포처럼 흘러내리는 강물처럼 흐른다. 침투할 수 없는 어둠의 침묵에 잠긴 아득한 하늘로부터 파도처럼 일어나는 흰 포말이 해와 달을 삼키고, 거기서 하강하는 까마귀 떼들은 빛과 공간을 삼킨다. 지상과 하늘을 잇는 새는 우리를 더 깊은 자아(심연)로 데려가기 위해 다가오는 검은 천사들의 기호다. 정적에 쌓인 하늘을 바탕으로 미친 듯 꿈틀거리며 분열하는 인적 없는 황량한 자연은 캔버스를 삼킬 지경이다. 파랗고 갈색이고 노랗고 검은 색들로 캔버스가 불탄다. 그리하여 (아마도 작가가 죽음 직전에 사로잡혔을) '슬픔과 극단적인 외로움'뿐 아니라 '회생과 소생의 생명력' 또한 강하게 나타난다. 우울, 생명력, 운명, 외로움, 꿈틀거림, 생명력, 하늘과 대지 등 대립적인 것들이 혼재하는데, 이것이 고흐가 달성한 시선의 깊이, 곧 존재의 살이다.

---

74   Maurice Merleau-Ponty, *The Visible and the Invisible*, trans. Alphonso Lingis, Northwestern University Press, 1968, 57쪽.

75   "나는 작품을 보는 것이 아니라, 작품에 따라 혹은 작품과 함께 본다." Maurice Merleau-Ponty, 같은 책, 1964, 164쪽.

작가가 자신의 몸을 존재 속에 보내고, 거기서 리듬의 역동적 상호작용으로 그려낸, 가시성 속에 내재한 비가시적 질감이다. 이것을 단순히 작가의 내적 감성의 투사로 읽어내고자 하는 것은 작품의 핵심을 잘못 짚는 일이다.

메를로퐁티는 마티스의 드로잉 〈긴 머리의 목욕하는 여자 The Bather with Long Hair〉(1942)의 평범한 선이 어떻게 보이지 않는 힘들 혹은 존재들을 불러내는지 해명한다.[76] 그에 따르면 마티스의 선은 물리적 · 광학적 방식으로 대상을 그려내는 것이 아니라, 보이는 것 속에 잠재된 힘들을 풀어냄으로써 대상이 세계에 속하게 한다. 목욕하는 여자를 윤곽이 아니라 구조적 조직으로, 수동성과 능동성을 지닌 몸의 체계의 축으로 보게 한다. 그녀는 나뭇잎들 아래 물속에 있지만, 그와 동시에 물의 흐름 속에 붙잡힌 채 대지와 공기 속으로 확장하며 하늘을 향해 상승하는 듯하다. 그녀의 몸은 물속으로 끌려들어가는 것 같으면서도, 나뭇잎들과 군집을 이루는 형태, 위를 향한 팔과 머리로 인해 하늘로 올라가고 있는 것 같다. 어린이가 그린 것처럼 단순하게 보이는 마티스의 선은, 우리의 몸이 물과 나무

---

76   Maurice Merleau-Ponty, 같은 책, 184쪽.

앙리 마티스, 〈긴 머리의 목욕하는 여자〉, 1942

와 하늘, 곧 세계의 지평들과 맞물리는 방식을, 보이지 않는 것의 복합성을 암시한다. 하나의 단순한 행위가 현존하는 순간을 환기하면서 그와 동시에 어떤 영원 속에 도달하는 느낌을 자아낸다. 자코메티의 〈걸어가는 사람Walking Man〉(1960)이 그렇다. 걸어가는 행위가 마치 영원 속에 붙잡혀 있는 느낌인데, 이 또한 '공존 불가능한 것'들의 결합에 의해, 그러니까 현실성(일상적인 걸음걸이)과 비현실성(구부러짐 없이 쭉 뻗은 다리)이, 가까움(생생한 질감)과 멂(부피의 상실)이 하나의 형상에 결합되어 발생한다. 이로써 우리는 깊이란 공존할 수 없는 것들로부터 출현한다는 것, 그리고 그것은 보이는 것에 구속된 힘들이 해방됨으로써 그리된다는 것을 다시 확인한다.

9

신적인 아름다움

아테네 지성인들은 사랑과 아름다움과 행복을, 단적으로 인간을, 신적인 것을 추구하는 존재로 생각했다. 인간과 신을 중재하는 사이존재 '사랑Eros/Love'은 세속의 육체적 사랑 '판데모스 아프로디테Aphrodite Pandemos'가 아니라 천상의 정신적 사랑 '우라니아 아프로디테Aphrodite Urania'를 향한다. 몸을 탐하고 성욕에 몰두하는 범속의 에로스가 아니라, 훌륭한 덕성을 쫓아 영혼을 사랑하는 천상의 에로스를 향해 나아간다. 아리스토텔레스에 따르면 가장 좋은 삶을 이루는 '행복eudaimonia'은 동물도 쫓는 쾌락이 아니라, 오직 인간만 할 수 있는 탁월한 능력의 발현에 있다.[77] 이성과 욕망을 함께 가진 인간은 실천적 지혜에 따르는 '실천적 삶'과 철학적 지혜에 따르는 '이론적 삶'이라는 두 가지 좋은 삶을 살 수 있는데, 전자의 인간적인 삶이 아니라 후자의 신적인 삶이 최고의 삶이다.[78]

그에 반해 현대인은 자신의 존재를 신이 아니라 동물과 구별된 존재로 생각한다. 인간화 기획 중 하나인 '에티켓etiquette'[79]의 발명은 동물성을 떠올리는 것으로부터 거리를 두는 방식에서 시작되었으며, 이성은 모든 형태의 휴머니즘, 특히 계몽이 인간을 규정하는 심급이다. 이성은 자본주의의 발달로 거의 온전히 '도구적 이성'으로 전락하기 전까지 어느 정도 신성성과 이어졌다. 육체와 구분된 데카르트의 정신이 그렇고 욕망으로부터 자유로운 칸트의 아름다움이 그렇다. 칸트의 아름다움은 세속의 관심으로부터 온전히 벗어난 것이라는 점에서 인간적이라기보다 신적이다. 그런데 '이성적 동물'인 인간은, 이성에 따라 정립

---

77 아리스토텔레스가 『니코마코스 윤리학』에서 개진한 '행복(eudaimonia)'을 조대호 교수는 한마디로 "탁월성에 따르는 활동"으로 정리한다. http://openlectures.naver.com/contents?contentsId=79129&rid=2888#literature_contents

78 같은 곳.

79 표식을 뜻하는 프랑스어 étiquette이 현대적 의미를 띤 영어로 사용된 것은 18세기 중반이다.

하고자 했던 (현대의) 인간은, 숱한 포스트모던 지성인들이 '이성중심주의'라는 낙인으로 가차 없이 비판하면서 불가능한 기획으로 판명났다. 그리하여 오늘날 이성적인 것만큼 비인간적인 것은 없을 정도로 욕망의 존재로 수렴된다. 데리다에게 텍스트의 바깥이 없다면 현대인에게는 욕망의 바깥이 없다.

욕망 담론에 포획된 (탈)현대인은 이성에 등 돌린 채 동물성을 향한다. 이성을 의심하고 비판하고 불신하기 위해 이성(논리)에 의존하는 모순을 수용하면서까지 그리한다. 그런데 오늘의 세계는 어떤가? 이성적이어서 문제인가? 국가적·국제적·지구적 이슈들과 관련된 중요한 결정 프로세스에 가짜뉴스와 극단적 근본주의가 횡행하고, 타자에 대한 분노가 분열을 조장하는 형국에, 이성을 비판하는 것이 옳은가? 우리는 어떤가? 크고 작은 법의 문제들이 법리가 아니라 소위 '국민정서법'이라 불리는 국민의 감정에 무시로 휘둘리지 않는가? 대통령후보 토론회든 시사 토론회든, 합리적 대화와 토론이 제대로 이루어지는 것을 본 적이 있는가? '한국형' 보수와 진보의 두 진영 중 한쪽에 속한 사람이 다른 쪽에 속한 사람들의 주장이나 의견을 이성적으로 경청하는 것을, 이성적으로 대답하거나 묻는 것을 본 적이 있는가? 우리는 지나치게 감정적이고 지나치게 완고하지 않은가? 한국 사람들이, 그리고 한국 사회가 이성이 문제가 될 정도로 이성적이었던 적이 있는가? 서울대학교 시흥캠퍼스를 둘러싼 구성원들 간의 갈등은 절대 그렇지 않다는 것을 바로 보여준다. 그런데도 이성을 비판하는 서구 지식인들의 말에 기대어 이 땅에서도 이성을 비판하는 것이 곧 지식인인 양 행세하는 사람들이 얼마나 많은가?

이성에 문제가 있다면 그것은 이성 그 자체라기보다 (욕망이나 이념의) 도구로 전락한 '도구적 이성'이다.[80] 이성처럼 사랑이나 덕성은, 그 자체로서 가치 있는 것 곧 목적이 아니라 도구가 될 때 본디의 가치를 잃는다. 잃을 뿐 아니라 악에 복무할 가능성이 크다. 자본주의의 악은 결정적으로, 인간을 목적이 아니라 수단으로 간주하는 데 있다. '도구적 이성'이 문제가 있다고 해서, 혹은 이성이 문제가 될 수가 있다는 이유로 이성을 통째로 비판하는 것은 독일에서 유래한 유명한 표현처럼, 목욕물을 버리면서 애까지 함께 버리는 우매한 행동이다.

80　아도르노(Theodor Wiesengrund Adorno)와 호르크하이머(Max Horkheimer)가 『계몽의 변증법』(1944)에서 비판하는 이성은 도구적 이성이다.

모든 것을 상품화하는 자본주의 사회는 성적性的인 것이 차고 넘친다. 자본주의의 꽃인, 그래서 천문학적 비용을 기꺼이 지불해 인간 심리를 연구하고 조작하고 디자인하는 광고는 그 중에서도 특히 성적인 것을 은밀히 쓴다. '은밀히' 쓴다는 것은 전의식 혹은 무의식을 건드려 방어기제가 작동하지 않도록 함으로써 광고가 효과가 있게 하기 위해서다.[81] 할리우드 영화는 관객을 끌기 위해 벗은 여자 몸과 섹스 장면을 욕망의 즉각적 만족을 위해 쓴다. 그리함으로써 십대들이 더 일찍, 더 자유롭게 파트너들과 안전하지 않은 섹스를 하도록 부추기면서까지 말이다.[82] 섹스 장면과 판매티켓 수는 무관한데도 말이다.[83] 영국의 BBC 방송이 발행하는 잡지 《포커스Focus》가 세계 35개국을 대상으로 단테의 『신곡』에 나오는 7가지 죄악(색욕, 식욕, 탐욕, 나태, 분노, 시기, 오만)을 얼마나 많이 저지르는지 분석한 바 있는데, 한국은 인구 1인당 포르노에 지출하는 비용이 가장 큰

81　Wilson Bryan Key, 같은 책.

82　다트머스 대학 심리학자들의 연구에 따르면, 어려서 섹스 내용이 있는 영화를 접할수록 더 어린 나이에 섹스를 시작하고, 더 자유롭게 성관계를 맺으며 안전하지 않은 섹스행위에 개입한다. "Study: Sexual ontent in movies encourages earlier sex, more casual partners" *FoxNews* August 07, 2012.

83　Jennifer Riley. "Study: Movies with Sex, Nudity Don't Sell," *CHRISTIAN POST*, 2010. 1. 28.

것으로 집계돼 '색욕' 부문에서 1위에 올랐다.[84]

  "욕망의 도상학"을 아름다움으로 간주하는,[85] 그리하여 "즐거움과 흥분을 약속하는 이미지"를 주창하는[86] 히키는 "쾌락과 지배"[87]야말로 미술작품에서 가장 중요하다고 역설한다. 그가 내세우는 쾌락은 유예된 것이지만 "성적인 발현이나 심미적인 발현, 또는 영적인 발현을 통해" 깜빡거린다. 그것이 무엇을 말하는지는 자신의 저서 『보이지 않는 용』에 게재한 사진작가 메이플소프의 두 작품이 보여준다. 〈루, N. Y. C.〉(1978)는 성기를 거머쥐고 있는 남자 몸의 일부 이미지이고, 〈헬무트와 브룩스. N. Y. C.〉(1978)는 "한 사내의 팔뚝이 다른 사내의 항문 속으로 사라지는" 이미지인데,[88] 그는 바로 "쾌락과 지배"의 힘 때문에 자신이 그러한 이미지에 복종한다고 밝힌다. 흥미로운 것은 다음의 주장이다.

  "문제는 메이플소프의 이미지들이 남자들끼리 성관계를

---

84 「韓, 전 세계서 포르노에 돈 가장 많이」, 매일경제, 2010. 2. 1.
85 데이브 하키, 2011. 29쪽.
86 같은 책, 35쪽.
87 같은 책, 66쪽.
88 같은 책, 56-66쪽.

맺는 것을 묘사했다는 사실에 있지 않았다. 당시에 그런 이미지들은 전국 곳곳의 사설 갤러리나 공공 기금으로 운영되는 '대안' 공간의 벽에 심심찮게 오르내리고 있었다. 하지만 그런 이미지들은 여과 없는 솔직함과 영락함, 진정성 있는 겉모습을 숭배한 탓에 표현의 설득력도, 강렬함도, 아름다움도 없었다. 하지만 메이플소프는 그것을 아름답게 만든다."[89]

1980년대 미국 레이건 정부 시절 진보진영과 보수진영 간의 문화전쟁 화약고에 불을 지핀 것은 포르노 이미지가 아니라 아름다움이라는 것이다. 정말 그런가? 『보이지 않는 용』의 각주가 밝히듯[90] 문화전쟁은 세라노Andres Serrano의 〈오줌 속의 예수Piss Christ〉같이 역겹고 음란한 이미지들을 전시하는 데 국립예술기금NEA을 지원했다는 사실 때문이지, 아름답기 때문이 아니다. 노골적으로 드러낸 '불편한' 주제 때문이다. 예술작품 앞에서 아름다움의 문제로 싸울 사람이 어디 있겠는가? 트럼프는 미국 대통령직을 수행하자마자 '반反이민 정책'을 펴고, 자신을 스타로 만든 TV쇼 후임자에 대해 독설을 내뱉고, 반反

89 같은 책, 45쪽.
90 같은 책, 17쪽.

여성, 반反이민, 반反이슬람의 기치에 맞서는 예술, 문화, 연예계 인사들을 통제하기 위해 국립예술기금과 국립인문학기금NEH 폐지를 검토하며 또다시 '문화전쟁'을 벌일 태세다. 영국《가디언》에 따르면 '신新문화전쟁'은 이미 본격적으로 발발했다.

예술이, 혹은 아름다움이 우리가 더 나은 삶을 살 수 있도록 돕는 일은 중요하지만, 그리하는 데 과연 (성적) 욕망의 문제에 개입하는 길밖에 없는가? 성적인 것이 범람하는 '지금 여기' 우리의 삶에 부추겨야 할 것이 (성적) 욕망인가? 인간의 정신을 책임지는 종교마저 "대중문화처럼 자본주의에 포섭돼 점차 상품화"되어, "인간의 근원적인 문제를 놓고 실존적인 고민을 하게 하는 것이 아니라 그야말로 세속적인 삶에 편익을 제공하고 세속사회에서 개인의 경쟁력을 높이는 대중문화로서 자리 잡아 가고 있"[91]는 마당에, 예술 혹은 아름다움마저 거기에 함몰되는 것이 온당한가? 욕망은 이미 일상에 만연하니 균형 잡힌 삶을 위해서라도 이성의 힘이, 그리고 그로써 정신을 고양할 신적인 아름다움이 필요하지 않은가?

91　「고통과 삶의 문제에 무관심한 종교… 결국 대중이 외면」, 연합뉴스, 2017. 1. 26.

중국 영화감독 래리 양의 〈산이 울다〉(2015)는 자극적인 것이 전혀 없으면서도 혹은 전혀 없는 까닭에 우리의 가슴을 무겁게 건드린다. 순박한 사랑 이야기가 아름다운 오지를 배경으로 펼쳐지는데, 거기에 낯선 타자를 환대하는 것의 어려움, 개인과 공동체의 관계, 폭력에 바쳐진 무언의 희생, 그리고 희생적인 사랑을 통한 희생된 자의 구원 등의 이야기가 정교하게 배치된다. 언어를 상실한 자가 말하는 비언어의 진실의 깊이, 인간들을 한갓 지푸라기처럼 보이게 만드는 거대하도 섬세하고 아름다운 자연, 보이는 것을 둘러싼 혹은 근거 짓는 보이지 않는 것들, 오직 인간적인 것에 몰두하는 순수하고 깊은 연민, 그리고 마침내 다시 생각하게 하는 사랑의 본질 등 지극히 실존적인 문제는 우리로 하여금 더 높은 삶의 형식과 마주치게 하고, 그로써 영화가 끝날 즈음 정신이 고양되는 느낌을 준다. 신神, 우주, 자연, 생명, 사람됨의 고통스러운 과정, 상처, 치유 등을 다루는 미국의 영화감독 테렌스 맬릭의 〈트리 오브 라이프〉(2011)는 아름답고 숭고하다.

칸트 미학에 대한 비판은 거의 모두 욕망이라는 이름으로 '무관심성'을 겨냥한다. 다양한 관점에서 그리하는데, 섹스와 에로티시즘, 젠더 혹은 페미니즘, 도덕 혹은 윤리, 자유와 평등

등이 거기 속한다.[92] 문화전쟁의 한 양상이다. 예술과 미학을 통해 삶의 조건(진보적 가치)을 증진하고자 하는, 가부장제와 가족중심주의가 여전히 휴머니티 진보의 발목을 잡고 있는 우리 사회에 특히 절실하고 귀한 투쟁이다. 그런데도 미학과 예술을 거기에 온통 복무시키는 것은 큰 손실이다. 아름다운 사태의 '순수한 관조'가 주는 흔치 않은 실존적 경험과 자각을 놓치기 때문이다. 사랑과 윤리와 진리의 문제처럼, 인간은 때때로 인간적인 것이 무엇인지 근본적으로 반성하지 않고서는 인간답게 살기 어렵다.[93] 인간은 천성적으로 편하고 게으르고 쾌락을 좇는 쪽으로 방향 잡혀 있기 때문이다. 때때로 실존적 조건에 직면하는 일은 그래서 더더욱 소중하다. 종교와 예술이, 그리고 학문이 감당해야 할 일인데 심미적 경험은 거기에 큰 몫을 감당한다.

숭고의 미학은 인간을 넘어선, 인간의 한계를 벗어난 사태를 다룬다. 가장 심미적인 경험이어서 신적인 아름다움이라 할

92　프랑스 사회학자 부르디외(Pierre Bourdieu)는 '무관심성'을 사회의 특권적 계급의 취미와 연관시킨다.

93　'human being(인간)'이 가리키듯, 인간을 규정하는 것은 형용사다. 그리고 그 형용사는 인간 스스로 규정하고 만들어나가야 할 기획이다. 인간의 본질은 그러한 기획에 앞서 하늘에서 떨어지듯 인간에게 주어진 것이 아니다.

수 있다. 낭만주의 예술이 전형이다. "낭만주의는 예술이라는 영역 안에서 가장 순수한 방식으로 유한자와 무제약자 사이의 직접적인 화해에 도달하고자 했다."[94] 숭고는 현대미학의 핵심 문제이기도 하다. 프랑스의 철학자이자 문학 이론가 리오타르 Jean-François Lyotard는 『포스트모던의 조건 *The Postmodern Condition*』 (1984)에서 현대예술 특히 아방가르드 예술을 숭고와 거의 동의어로 쓰고 있으며, 프랑스 철학자 낭시Jean-Luc Nancy는 "숭고는 유행 중"[95]이라고 주장한다. 그에 따르면 "우리 시대는 숭고를 재발견하고 있는 중"[96]이며, 근대와 현대의 미술사, 미학, 철학은 숭고를 탐구하지 않은 적이 없다.

숭고란 무엇인가?[97] 앞에서 썼듯, 그것은 브래들리의 다섯

---

94 김동훈, 〈발터 벤야민의 숭고론: 예술비평, 번역, 알레고리, 아우라 개념을 중심으로〉, 《미학》 제52집, 2007년 12월, 71-110쪽.

95 Jean-Luc Nancy, "The Sublime Offering," In Courtine, Jean-François and et al, *Of the Sublime: Presence in Question*, trans. by Jeffrey S. Librett, State University of New York Press, 1993, 25쪽

96 같은 책, 1쪽.

97 칸트는 『판단력 비판』에서 숭고를 아름다움의 부록으로 다루는데, 그에 따르면 숭고의 경험은 크기나 위력이 무엇과도 비교할 수 없을 정도로 절대적인 것을 마주할 때 발생한다. 그리하여 그것은 주로 자연이 대상으로서 인공물은 부합하지 않는다. 리오타르와 낭시는 칸트의 숭고 개념을 예술의 핵심적 규정으로 간주해 특히 현대 아방가르드 예술을 해명하는 근거로 삼지만, 그것은 칸트의 논지에서 벗어나는 길이다. 따라서 칸트의 판단력 범주 안에서 숭고 개념을 인공물과 연관시킬 때 숭고라기보다 '신적인 아름다

가지 아름다움 중 으뜸을 차지한다. '최고의 아름다움'이다. 칸트의 아름다움은 예쁨보다 숭고로 기운다. 아름다움과 숭고는 둘 다 반성적 판단이 주는 쾌감이다. 그런데 영국의 정치사상가이자 미학자인 버크Edmund Burke와 칸트는 숭고와 아름다움을 질적으로 다른 것으로 구별한다. 쾌감을 주는 아름다움과 달리 숭고는 고통을 경유하는 특별한 종류의 쾌감, 그래서 쾌감이라기보다 일종의 환희의 전율을 낳는다. 앞서 거론한 도스토옙스키의 '세상을 구원할 아름다움'이 그렇다. 아름다움은 상상력이 제시하는 것(표상)과 개념을 관장하는 오성 간의 자유로운 놀이지만, 숭고는 상상력이 제시할 수 없는 대상(이성의 대상인 이념), 곧 우리(의 감성)를 초월한 것에 대한 의식, 그러니까 우리가 감성적 조건에 제약된 존재가 아니라는 자각에서 비롯한다. 그리하여 우리는 숭고한 대상에서 우리 자신이 고양되는 느낌으로 만족감을 경험한다.

숭고를 현대미학과 예술의 핵심으로 고찰하는 리오타르의 견해가 흥미롭다. 칸트와 달리 그가 숭고에 방점을 찍는 것은, 반성적 사유를 '강제하는' 숭고는 우리를 '기계적 비인간'으

움'이라는 용어가 더 적실하다. 여기서는 숭고와 '신적인 아름다움'을 같은 뜻으로 쓴다.

로 만들어가는 자본주의에[98] 저항할 힘을 지녔다고 보기 때문이다. 그는 버크와 칸트를 오가며 특히 아방가르드 예술을 통해 숭고론을 전개하는데,[99] 그에 따르면 숭고의 첫 번째 계기는 '박탈의 상태'다. 빛, 언어, 생명 등이 박탈되고 그 자리에 어둠, 침묵, 죽음 등이 들어서서 공포terror를 야기한다. 그리하여 그것은 '하나의 사건(성)'으로서 우리의 의식을 해체하고 무력화한다. 이러한 신체적 고통은 정신을 감응해 온전히 정신적인 정열로 바뀐다. 아무것도 발생하지 않을 수 있다는 두려움은, 두 번째 계기인 '박탈(의 두려움)의 박탈'로써 모르는 무엇이 다가올 것이라는 일종의 서스펜스가 되어 기쁨을 낳는다. 숭고는 생각할 수 있는 것을 상상(제시)할 수 없는 고통에서 오는 즐거움이라는 점에서 아름다움보다 파토스가 더 강렬하고, 모든 감성적·감각적 직관(상상력)이 좌절되어 오직 사유만 남는다는 점에서[100] 아름다움보다 훨씬 더 비比규정적, 더 반성적이다.

---

98 리오타르는 자본주의를 "그 뒤에 인류를 끌고 다니면서, 다른 규범능력의 차원에서 인류를 다시 인간화하기 위해 탈(脫)인간화하는 하나의 전위 기계"라고 부른다. 정수경, 〈장-프랑수아 리오타르의 비인간과 숭고〉, 《미학》 제63집, 2010년 9월, 101-141쪽.

99 Jean-François Lyotard, "The Sublime and the Avant-Garde," In *The Inhuman: Reflections on Time*, trans. by Geoffrey Bennington and Rachel Bowlby, Polity Press, 1991.

100 낭시는 숭고의 '부정적 제시', 곧 '제시에 실패하는 상상력'의 제시를 상상력이 "저 자신에 도달하는" 움직임으로, 그리하여 그것이 주는 감동을 "감각적인 것의 소멸에 대한 감각"으로 파악한다. 하선규, 〈칸트 미학의 현대적 쟁점들(I)-목적론과의 연관성,

적지 않은 사람들은 종종 숭고의 개념을 아름다움에 포함한다. 미국의 노벨물리학상 수상자 파인만Richard Feynman은 아름다움의 비밀은 '알 수 없는 것'에 있다고 했으며, 미국의 저술가 딕Philip K. Dick은 "절대적 고통"이야말로 "절대적 아름다움"으로 인도한다고, 그것의 방편이라고 했다. 영국의 철학자 베이컨은 "탁월한 아름다움에는 비례에 무언가 이상한 것이 있다"고 했으며, 미국의 역사가이자 정치인인 밴크로프트George Bancroft는 "아름다움이란 그저 무한에 대한 감성적 이미지"라고 했다. 프랑스의 작가 카뮈Albert Camus는 이렇게 썼다. "아름다움은 참을 수 없는 것으로서, 우리로 하여금 오랫동안 연장하고 싶게 하는 영원성을 잠시 일별하게 해주며 우리를 절망으로 몰아붙인다." 이들이 생각하는 아름다움은 숭고와 아름다움이 만나는 지점, 곧 신적인 아름다움이다.

벤야민 또한 숭고와 아름다움은 본질적 연관성을 지니고 있다고 보았다. 그가 보기에 아름다움은 본질적으로 가상에 의해 감추어진 것으로 나타난다. 가상이 사라지면 아름다움도 사라진다. 그런데 아름다움은 가상, 곧 다른 무언가를 감싸는 베일

무관심성, 숭고의 문제를 중심으로〉, 《미학》 제65집, 2011년 3월, 159-204쪽.

이 아니다. 그것은 오직 자신을 은폐함으로써 드러내는 본질인데, 여기서 본질이란 가상과 대립하는 '표현되지 않은 것', '표현될 수 없는 것'을 가리킨다. 숭고가 본질이라는 것이다. 그리하여 숭고는 (아름다운) 가상이 사라지면서 드러난다. 벤야민은 괴테의 『친화력』에 대한 논문에서 이렇게 썼다.

"본질적으로 아름다운 것은 모두 언제나 그리고 본질적으로 (…) 가상과 결부되어 있다. (…) 아름다움은 가상, 즉 다른 무언가를 감싸는 베일이 아니다. 아름다움 자체는 현상이 아니라 전적으로 본질이지만, 본질적으로 자기 자신을 오로지 은폐함으로써만 드러내는 본질이다. 다른 모든 곳에서는 가상이 기만이라 할지라도 아름다운 가상은 필연적으로 가장 내밀히 은폐된 것을 가리는 베일이다. (…) 베일이 벗겨진 적나라함 가운데서는 본질적인 아름다움이 사라지며, 적나라한 인간의 신체 안에서는 모든 아름다움을 넘어서는 하나의 존재, 즉 숭고한 것과 모든 형상을 넘어서는 하나의 작품, 즉 조물주의 작품에 이르게 된다."[101]

---

101   Walter Benjamin, "Goethes Wahlverwandtschaften," In *Gesammelte Schriften* Bd. I.1, 194-196쪽. 김동훈, 〈발터 벤야민의 숭고론: 예술비평, 번역, 알레고리, 아우라 개념을 중심으로〉, 《미학》 제52집에서 재인용.

벤야민에게서 확인할 수 있는 것은 최고의 아름다움, 곧 신적인 아름다움은 아름다운 가상과 (아름다움의 본질인) 표현될 수 없는 것의 경계에 존재하는 "더 이상 가상에 사로잡혀 있지 않은 아름다움"[102]이라는 것이다. 아름다움과 숭고는 단절된 것이 아니라 "넘어감"을 경계로 갖는 이어짐의 관계를 이룬다. 여기서 '넘어감'은 "감동을 통한 가상의 몰락"을 통해서다. 감동은 '넘어감' 그 자체이기도 하다.

"감동을 깊이 이해하면 할수록 감동은 더욱더 넘어감이 된다. (…) 감동이 넘어감이 되는 것은 오로지 충격의 유일하게 객관적인 대상, 즉 숭고한 것에로의 진정으로 도덕적인 (…) 완성에 대한 혼란스러운 예감에서부터다. 바로 이러한 넘어감은 가상의 몰락을 통하여 일어난다."[103]

아름다움이든 숭고든 모든 심미적 경험은 가상 곧 감각할 수 있는 것이 매개한다. 그것을 우리는 이미지라 부른다.

---

102   Walter Benjamin, 같은 책, 191쪽.
103   같은 쪽, 193쪽.

10

이미지

우리 시대는 이미지가 지배한다. 사람들은 현실만큼이나 혹은 '현실보다 더' 이미지를 중시한다. 미국의 역사가 부어스틴 Daniel Boorstin이 이웃의 애가 예쁘다고 하는 자신에게 애 엄마가 다음처럼 자랑스레 말했다는 일화처럼 말이다. "네, 사랑스럽죠. 그런데 사진을 꼭 봐야 해요." 남의 시선을 유독 의식하는 한국 사람들은 이미지에 심하게 매달린다. 페이스북은 개인들의 일상적 삶의 광고판이요 전시장이다. 사적 삶의 사회적 전시이니 노출증이라 해도 과언이 아닌데, 얼굴이며 옷이며 가방이며 사진이며 먹는 것이며 삶 전체를 전시 이미지로 여긴다. 자신을 둘러싼 타자들과 자신의 삶을 (경쟁적으로) 차이 지으면서 그와 동시에 동일시하는, 무리 지어 사는 사람들이 수행하는 차이와 동일성의 놀이다. 영화든 책이든 신발이든 여행이든 남들이 (전시)하는 것은, 특히 유행하는 것은, 반드시 따라 해야 한다. 김한민 감독의 〈명량〉은 1700만 명이 넘는 사람이 봤다. 오랜 역사에 걸친 단일민족(순혈주의) 관념이 외부침략, 식민화, 전쟁, 국가폭력, 경제사태 등 가혹한 일들을 겪는 가운데 집단화하는 심리가 형성되어, 그래서 집단으로부터 배제되는 것(왕따)을 지나치게 불안해하는 심리가 형성되어 그런 것이 아닌가 싶다. 대한민국이 좌익과 우익으로 분열되었을 때 초대 대통령 이승만은 '뭉치면 살고 흩어지면 죽는다'고 역설했다.

객관적인 사실이나 진실이 아니라 개인의 감성과 신념이 더 효과적인 힘을 발휘하는 탈脫진실의 세계에서, 이미지는 어느 때보다 더 강력한 프로파간다의 도구다. 정치적 신념을 강화하거나 퍼뜨리는 데 효과적이다. '일간베스트 저장소'는 CNN 뉴스 이미지를 조작해, "북한이 촛불시위를 이용해 대한민국 체제 전복을 꿈꾸고 있다고 미국 CNN이 보도했는데 한국 언론은 이런 상황을 전혀 언급하지 않고 있다"고 게시했다. 미국 대통령 선거 때에는 교황이 트럼프를 지지했다는 가짜뉴스가, 유럽에서는 외국인 혐오 확산을 부추기는 가짜뉴스가 퍼져 큰 정치적 영향을 끼쳤다. 일상세계에서는 이미지를 통한 설득 혹은 세뇌 장치가 광고의 기법처럼 은밀하고 간접적이고 편만해서, 의식의 날을 세우지 않으면 감지하기 어렵다. 사람들이 그토록 성형수술에 목매는 것은, 오랫동안 그리고 거의 모든 시각 매체가 잘생긴 사람을 좋은 사람으로, 못생긴 사람을 악한 사람으로 규정지어온 사실과 절대 무관하지 않다. 이성애자는 동성애자가 사랑하는 장면을 거듭 보면 불편한 감정으로부터 다소 자유로울 수 있다. 이미지는 그렇게 특정한 주체를 형성하기도 하고 바꾸기도 하는 것에 큰 영향을 끼친다.

그런데 이미지란 무엇인가? 혹은 어떤 특성을 지니는가? 사르트르에 따르면 이미지는 상상의식이어서, 끊임없이 새로운 감각을 수동적으로 수용하는 지각과 달리, 대상을 부재하거나 비실재적인 모습으로 능동적으로 구성한다.[104] 이미지는 불완전하고 불안정한 대자對自의 현실과 달리, 완전하고 안정된 일종의 즉자卽自를 구성한다. 이미지가 그토록 매혹적인 이유는

바로 거기에 있다. 그리하여 작가란 실재가 아니라 상상의 세계를 살기로 선택한 사람이라고 할 수 있다.[105] 이미지는 실재(현실)를 부정하고 초월함으로써 정립되는데 이것이 뜻하는 바는, 이미지는 현실을 (암묵적으로) '하나의 특정한 세계'로 구성함과 동시에 부정함으로써 성립한다는 것이다. 억압적인 현실은 자유로운 세상을, 불평등한 현실은 평등한 세상을 상상케 한다. 거꾸로 말해, 자유로운 세계의 이미지는 현실을 억압적인 것으로 보게 한다. "상상력에 권력을Power to the Imagination." 68운동은 '불가능한 것'이 없는, '금지하는 것을 금지'하는 세상을 상상하도록 요구한 '빛나는 순간'이다.

실재를 무無로 정립하는 이미지는 양날의 검이다. 사실 혹은 진실에서 벗어나는 까닭에 악을 위해서도 선을 위해서도 쓰인다. 현실을 공고히 하는 쪽으로도 변혁하는 쪽으로도 영향력을 발휘한다. 이미지를 들여다보는 일은 그래서 필요하다. 랑시에르는 이미지를 지성적인 것과 감성적인 것의 관계로 고찰한다. 현대에 개시된 미학적 경험을 그 관계의 재형상화, 그

---

105   그리고 시(詩)는 대자 곧 의미를 지닌 대상으로부터 출발해 이 (야생적) 존재 곧 즉자라는 불가능성에 도달하고자 하는 끝없는 몸짓이라고 할 수 있다.

러니까 둘 중 어느 쪽도 지배적 입지를 갖지 않는 형식으로 해명한다. 그가 보기에, 지성적인 것도 감성적인 것도 아닌 칸트의 아름다움은 그것에 이르는 문이다. 흥미로운 점은 현대예술의 힘이 그 둘 사이에 어떤 공통된 척도도 없다는 사실, 그러니까 오직 혼돈뿐이라는 사실에 놓여 있다는 것이다. 랑시에르는 그것을 '문장-이미지'라 부르는데, 거기서 문장은 분열증적 폭발을 통제하고 이미지는 무심한 진부성을 몰아내는 방식으로 존재한다. 이질적 요소들의 병치로 간헐적으로 유비를 생산하는 몽타주에 무질서를 더 넣는 형식이다. 예컨대 미국의 예술가 로슬러Martha Rosler는 자신의 〈붉은 줄무늬 주방Red Stripe Kitchen〉(1970)에서 가정집 주방(미국 가정의 행복을 표상하는 광고) 이미지에 무언가 찾고 있는 군인들(베트남 전쟁) 이미지를 끼워 넣는다.

자신이 살던 시대의 건물의 아름다움을 가면이라 했던 니체는, '돌은 돌보다 더 돌이다'라고 했다. 하이데거 또한 그리스 신전은 돌을 더 돌로 나타나게 한다고 했다. 돌이 돌보다 더 돌이라니! 돌은 항상 돌이 아니라는 말인가? 성철스님의 법어 '산은 산이고 물은 물'이듯 돌은 늘 돌이지만, 우리가 그것을 돌이라 부르는 물질 덩어리가 아니라 '돌'이라는 의미로 대하는 까닭에 돌은 돌로서 나타나지 않는다. 지각은 사물을 대상 곧 대자對自로 파악하기 때문이다. 대자는 보는 사람, 보는 곳, 보는 시간에 따라 변한다. 그리고 우리는 오직 그것의 부분만 볼 수 있다. 그것의 전체성인 즉자卽自 혹은 칸트의 '물 그 자체'는 우리와 그 사이에 지각이 들어서지 않는, 그래서 근본적으로 우리와 무관한 사물이다. 결국 돌은 결코 돌로 나타날 수 없고, 돌보다 덜 돌이거나 더 돌로 나타날 수밖에 없다. 그러니 '더 돌'은 우리가 그동안 대했던 돌보다 더 돌이라는 것이지, 돌 그 자체보다 더 돌이라는 것은 아니다. '돌 그 자체'는 접근 불능이다.

시인이란, 의미의 베일을 벗겨냄으로써 즉자에 닿고자 하는 불가능한 몸짓을 하는 자다. 말을 버리거나 그 바깥에 나감으로써 즉자 곧 야생적 존재를 붙잡고자 애쓴다. 그런데 인간은 말 바깥에 머물 수 없는, 말에 한계 지워진 존재이어서 결국 실패할 수밖에 없지만, 정확히 그리함으로써 돌이 더 돌로 나타나도록 한다. 시인은 그러한 몸짓으로 말의 장악력을 약화하기 때문이다. 그리하여 그는 존재를 표현하기 위해 말을 흔들거나 깨뜨리며 말들을 재배치하는데 그것을 우리는 시詩라 부른다. 시인은 말과 사물, 의미와 존재, 대자와 즉자 사이에서 머뭇거리며 말이 구속한 존재를 해방한다. 미국의 위대한 시인 스티브스Wallace Stevens는 항아리의 존재를 다음과 같이 표현한다.

나는 항아리 하나를 테네시에 놓았는데,
둥글고, 언덕 위였다.
그것은 흐트러진 황무지가
언덕을 둘러싸게 했다.

황무지는 항아리까지 올라와,
사방으로 퍼졌고, 더 이상 황량하지 않았다.
항아리는 땅 위에서 둥글고
높았으며 위풍 있었다.

그것은 모든 곳을 지배했다.
항아리는 회색이며 맨살이었다.
새나 덤불을 만들지 않았다,
테네시의 그 어떤 것들과도 다르게.

랑시에르에 따르면, 예술의 이미지는 말할 수 있는 것과 볼 수 있는 것 간의 불일치를 생산한다.[106] 벨기에의 화가 마그리트Rene Magritte는 파이프를 그려놓고 거기에 '이것은 파이프가 아니다'라고 썼다. 프랑스의 화가 티튀스 카르멜Gérard Titus-Carmel의 관 그림 연작도 그렇다. 그는 〈포켓 사이즈 틀링깃족 관The Pocket Size Tlingit Coffin〉(1975~1976)에서 관을 성냥갑 이미지로 나타낸다. 보이는 것과 뜻하는 것이 어긋나거나 격렬하게 충돌한다. 현대예술은 대개 볼 수 있는 것이 말할 수 있는 것을 넘친다. 그리하여 해석이 열려 있을 뿐 아니라 참과 거짓을 넘어선다. 고흐의 유명한 작품 〈구두 한 켤레A Pair of Shoes〉(1888)는 해석을 둘러싼 논박으로 유명하다.

하이데거(1889~1976)는 고흐가 그린 농부의 신발을 1930년 암스테르담에서 열린 한 전시에서 보고 감명을 받아 5년 후 상세히 다룬다. 예술을 은폐된 존재를 드러내는 활동으로 간주하는 그는 고흐의 구두에서, 하루하루 노동으로 이어가는 농촌 아낙네의 고된, 그러면서도 강인한 삶의 모습을 본다. 거기에는 올해도 무사히 대지로부터 곡식을 얻어낼 수 있을지 근심하는 농부의 마음이, 대지의 물기와 풍요로움이, 해 저문 들길에서 밀려오는 고독이, 힘겨운 노고 뒤에 찾아오는 기쁨이,

106   Jacques Rancière, *The Future of the Image*, trans. by Gregory Elliott, Verso, 2009, 7쪽.

임박한 출산이 주는 초조함이, 죽음의 위협 앞에 선 떨림이 서려 있다. 한마디로 농촌 여인의 세계가 보존되어 있다. 30여 년 후 예술사가 샤피로Meyer Schapiro(1904~1996)는 당대 사회현실의 분석에 기초해 하이데거가 신발 주인을 오해했다고 반박한다. 그에 따르면, 그 당시 네덜란드 농민들은 너무 가난해 가죽 구두를 신을 형편이 못 되며 그러한 신발은 고흐가 파리 몽마르트르 거리를 밟고 다닐 때 신던 것이다. 결론적으로 고흐가 구두의 주인이니 그 그림은 화가의 자화상으로 보는 것이 옳은데, 하이데거는 낭만적 상상에 따라 파시즘의 대중 선동과 흡사한 비장미 서린 글을 썼다고 비판했다.

그러고서 10년 후 이번에는 데리다(1930~2004)가 하이데거와 샤피로 둘 다 비판한다. 우선 구두는 한 켤레가 아니라 각각 다른 신발의 한 짝들을 모은 것이라는 것, 그리고 핵심적인 이슈로, 전시장에 걸린 그림의 구두는 주체가 없으니 신발 주인은 해석의 단서가 될 수 없고 오직 감상자라는 주체에 따라 다양한 의미를 만들어낼 뿐이라는 것이다. 그런데 하이데거와 샤피로는 그 낡은 신발을 일정한 주체에 귀속시키려 한다는 것이다. 데리다가 보기에, 샤피로는 예술의 진리를 재현으로 간주함으로써 진리 개념을 후퇴시켰고, 하이데거는 주체를 실재하

빈센트 반 고흐, 〈구두 한 켤레〉, 1886

지는 않지만 농촌 아낙네를 통해 대지에 귀속시킴으로써 화가의 이념적 자화상으로 만들었다. 한마디로 그림은 아무것도 재현하지 않는다는 것이다. 그림의 진리는 누구에게도 어디에도 귀속될 수 없다는 것이다. 데리다는 이렇게 주장한다.

"우리가 꾸는 꿈은 진리가 없는 그림으로서, 누군가에게 무언가를 더는 말하지 않는 것의 부채와 위험을 떠맡지 않고서도 여전히 그리는 것을 포기하지 않는 것이다."[107]

예술은 의미를 떠나 존재를 향해 나아간다. 건축은 거기서 넘기 힘든 벽과 마주친다. 프랑스의 문호 위고Victor Hugo가 "활자가 성당을 죽인다"고 했지만, 오늘날 건축의 존재를 구금하는 것은 활자에 자본까지 가세한다. 건물의 기능은 단순한 의미를 넘어 자본생산 도구로 동원된다. 그리하여 건축가 앞에는 세 개의 길이 있다. 1) 프리츠커상 수상 건축가 게리Frank Gehry의 〈월 디즈니콘서트홀Los Angeles〉처럼, 매혹적인 외피로써 건축적 현실을 숨기기decorated shed. 2) 또 다른 프리츠커상 수상

---

107 Jacques Derrida, *The Truth in Painting*, trans. by G. Bennington and I. McLeod, The University of Chicago Press, 1987, 9쪽.

건축가 하디드Zaha Hadid의 〈동대문디자인플라자, 서울〉처럼, 그것을 하나의 거대한 아름다운 조각물로 만들기duck. 3) '이민과 손진'의 〈운문유치원, 청도〉처럼, 건축의 현실적 조건들을 끌어안아 그것을 건축적으로 구축하기. 마지막 이 길은 엄청난 자본으로 현실을 숨기는 앞의 두 길과 달리, 프랑스의 시인 발레리Paul Valery가 말한 "비속한 출처의 재료로 인공적이고 이상적인 질서를 창조"하는 시작詩作이다. 이민과 손진은, 아이들이 생애 처음으로 학습하는 공간을 도시의 미로처럼 만들어, 보이는 것과 보이지 않는 것이 실타래처럼 얽혀 있는 공간을 탐색하는, 그리고 그리하는 가운데 여기저기 문득 나타나는 아름다운 공적 공간들을 발견하는 기쁨을 선사한다.

11

깊은 이미지

예술은 깊이와 뗄 수 없는가? 나는 단연코 뗄 수 없다고 생각한다. 깊이가 없는 이미지는 작품이 아니라고 생각한다. 깊이에 등 돌린 채 의도적으로 피상적인 이미지를 제시하는 작품조차 깊이가 있기 때문이다.

피상적인 이미지는 어떻게 깊이를 획득하는가? 팝아트의 아이콘 워홀Andy Warhol의 〈다이아몬드 더스트 슈즈Diamond Dust Shoes〉(1980)를 보라. 숨기는 부분 없이 다 보이는, 그의 특징이듯 거의 무한히 반복되는, 검은 바탕에 형광색으로 반짝이는

신발은 고흐의 신발과 달리 덧없고 피상적이다. 강한 파토스
를 자아내는 고흐의 구두와 달리, 눈길을 붙잡기에도 시각적으
로 빈약하며 쉽게 찍어내어 깊이가 없어 보인다. 앞서 언급한
뒤샹의 20세기의 혁명적인 작품 〈샘〉도 그렇다. 그 자체로는
일상의 뻔한 사물이어서 어떤 깊이도 없다. 그런데 그러한 이
미지는 '고안된contrived 깊이 없음'으로서 단순히 깊이 없는 표
면과 다르다. 워홀의 실크 스크린 신발은 고흐의 유화 신발이
그렇듯 그것을 둘러싼 하나의 세계, 곧 예술표현과 유명인사
celebrity 문화와 광고사회를 구성하는 대중매체의 포스트모던적
혼성모방Pastiche 세계를 미메시스 한다.

허스트Damien Hirst와 더불어 작금에 가장 유명한 두 명의 예
술가 중 한 사람인 쿤스Jeff Koons의 작품도 그렇다.[108] "우리 시

---

108   한병철은 쿤스의 예술을 '매끄러운 표면' 곧 깊이 없는 것으로 제시하는데, 나
는 여기서 그에 반해 쿤스의 예술에서 깊이를, 따라서 '어떤 심오함'을 읽어낸다. 니체는
『즐거운 지식』에서 이렇게 물었다. "희랍인들은 생각이 깊었기 때문에 오히려 더 피상적
이었다. 이것이 바로 우리가 되돌아와야 할 지점이 아닌가?" '깊이 없음'은 깊이로부터
나온다는 역설이다. 니체는 『선악의 저편, 도덕의 계보』에서 이렇게 말했다. "깊이 있는
모든 것은 가면을 사랑한다. (⋯) 가면 뒤에 단지 교활함만이 있는 것이 아니다. 간계에
는 좋은 것이 많다.(⋯) 귀중하고 손상되기 쉬운 어떤 것을 숨기고 있어야 할 사람 (⋯)
본능적으로 침묵하고 비밀로 하기 위해 말을 사용하고, 끊임없이 의사소통을 회피하는
이 은둔자는 자기 대신 자신의 가면이 친구들의 가슴과 머리 속에서 맴돌기를 원하고 장
려한다. 그것을 원하지 않더라도 그는 어느 날 그곳에 자신의 가면이 있으며, 또한 그것

대의 워홀"이라 불리는 그의 이미지는 동시대 예술가들에 비해 유독 깊이 없어 보인다. 그런데 그것 또한 워홀의 작품처럼 시대정신Zeitgeist과 맞물린다. 그럴 뿐 아니라 현대미술관에서 일하며 모더니즘 역사, 특히 뒤샹의 아이디어에 깊이 빠졌던 그는, 뒤샹이 그랬듯 자신의 첫 번째 개인전 "평형Equilibrium" 시리즈로 예술의 게임을 바꾸는 전위주의avant-gardism에 뛰어든다. 그로써 보이지 않는 생활세계나 예술제도에 개입한다. 깊이는 보이지 않는 것에 있다. 아름다움이란 보는 사람의 눈에 있다고 하듯, 깊이 또한 보는 사람의 눈에 달렸다. "예술은 그것을 예술로 보는 눈이 없이는 존재하지 않는다."[109]

2016년 5월 세계 최대 경매업체 크리스티 경매에서 1529만

이 좋다는 사실에 눈을 뜨게 될 것이다: 심오한 정신에는 모두 가면이 필요하다. 더 나아가 모든 심오한 정신의 주변에는 모든 말 한 마디 한 마디, 모든 발걸음, 그가 부여하는 모든 생의 기호를 끊임없이 잘못, 즉 천박하게 해석하는 덕분에 가면이 계속 자라난다." 이처럼 내가 보기에 한병철의 오독은, 쿤스의 작품의 '보이는 표면'에 한정된, 깊이 없는 해석의 결과다. 니체는 앞의 문장을 쓰고 두 쪽 다음에 이렇게 썼다. "위대한 일은 위대한 사람을 위해 있으며, 심연은 깊이 있는 사람을 위해 있고, 상냥함과 전율은 예민한 사람을 위해 있다. 그리고 전체적으로 간결하게 말한다면, 모든 귀한 것은 귀한 사람을 위해 있다." 깊이는 깊이를 보는 눈으로만 볼 수 있다는 말과 다르지 않다. 나는 한병철과 반대로, 가벼움과 매끄러움은 오늘날 우리 사회의 부정성을 반영한다고 생각한다. 한병철, 『아름다움의 구원』, 이재영 옮김, 문학과지성사, 2016, 9-28쪽.

109 Jacques Rancière, 2009, 같은 책, 72쪽.

달러에 낙찰되어 두 번째 고가를 기록한 쿤스의 〈완전한 평형 수조의 공One Ball Total Equilibrium Tank〉(1985)은, 수없이 많은 실험과 노벨상 수상자를 포함해 여러 과학자와 많은 대화로 이루어낸 작품이다. 2013년 대리석만큼 오래가는 현대적 석고로 만들어 전략적 지점에 배치한 "응시하는 공Gazing Ball"이라는 제목의 '밝은 금속성 청색의 응시하는 공' 조각은, 빅토리아 시대에 유행한 13세기 베니스의 주산물인 유리 공에서 연유하는데, 베니스 예술사가 리글Alois Riegl의 아이디어 '보는 자의 몫'이라는 개념과 관계된다. 쿤스의 아픈 개인사에서 유래한 생일 축하 풍선같이 가볍고 매끄럽고 예쁜 작품들은 특히 깊이가 없는 것 같다. 그런데 마냥 경쾌한 이미지에 보존된 어두운 사연은 차치하고서라도, 그러한 동화 이미지는 바로 앞 장에서 썼듯 정확히 그로써 현실을 무겁고 거치적거리고 힘겨운 것으로 인식하게 한다.

그리스의 작품 수집가 조아누Dakis Joannou는 쿤스에 대해 이렇게 말했다. "그는 진지하다. 그는 깊이가 있다. 그는 비전을 지녔다. 그는 아직도 채 탐색하지 않은 자신만의 엄청난 세계를 가졌다."[110] 쿤스 자신은 자신의 작품에 대해 이렇게 말했다. "내가 가장 자부심을 갖는 것들 중 하나는, 관람자들로 하여금 예술이 겁을 준다고 느끼지 않고 그들의 감각과 지성으로 예술에 정서적으로 참여할 수 있도록 느끼게 하는 작품을 만드는 것이다."[111] 쿤스는 관람자가 자신의 작품에 감성뿐 아니라 지성으로도 참여한다는 것에 긍지를 갖는다.

깊은 이미지는 그렇게 우리의 사람됨과 우리를 둘러싼 생활세계에 개입한다. 거꾸로 말하자면, 우리의 내면을 건드리고 생각을 자극하고, 우리를 둘러싼 세계를 새삼 다르게 보도록 하는 것이 깊은 이미지라는 것이다. 예술의 핵심과제는 깊은 이미지를 생산하는 데 있으며, 오늘날 이미지의 깊이를 재는 심급審級은 '지금 여기'의 세계를 구성하는 데 가장 강력한 힘을 발휘하는 자본주의에 개입하는 정도에 따른다. 필자는 앞서 발표한 두 권의 책 『시적 공간』과 『살아 있는 시간』에서 그것을 주제로 공간과 시간의 문제를 숙고했다.

자본주의는 주어진 한계를 끊임없이 넘고자 하는 무제한적 충동(탈영토화)과 그러한 충동을 자본의 몸에 구속된 상태

로 유지해 수익을 탈취하는 억제력(재영토화), 곧 슘페터Joseph Schumpeter가 일컫는 "제한적 실행restrictive practice"으로 운용된다.[112] 기술혁신을 통한 생산력의 증대 방식인데, 자본주의는 그렇게 '주어져 있는 것'을 끝없이 새롭게 갱신함으로써 성장을 도모한다. 그런데 아름다움과 숭고는 반성적 판단, 곧 '주어져 있지 않은' 사태가 야기하는 심미적 경험이다. 놀이에 비유하면, 정해진 놀이 안에서 규칙을 끝없이 바꾸어가는 것이 혁신이라면, 심미적 경험은 놀이는 없고 규칙만 있어서 상상력으로 놀이를 만들어가도록 한다. 자본주의가 우리를 기존 모형 안에서 움직이도록 기존상태에 묶어둔다면, 심미적 경험은 우리로 하여금 모형을 창안하도록 창조적으로 생각하도록 촉발한다. 혁신이 아니라 혁명을 주도하는 전위주의는, 신적인 아름다움은 자본주의의 '인식적 길들이기'에 맞선다.

자본주의(의 생산)의 시간 곧 서구 문명의 시간은 선형적인 단일 시간을, 새로움을 핵심가치로 삼는 현대성의 진보적 시간을 근간으로 한다. 앞으로만 나아가는 자본주의의 직선적인 남성적 시간은, 과거로 회귀함으로써 현재를 거듭거듭 '재생산'

112　이종건, 『살아 있는 시간』, 궁리, 2016, 43-51쪽.

하는 순환적인 여성적 시간을 억압한다.[113] 현대문명의 진보는 자연(의 순환성)을 부정한다. 그에 반해 신적인 아름다움 곧 숭고는 빛, 언어, 생명 등을 박탈하고 그 자리에 어둠, 침묵, 죽음 등이 들어서게 함으로써 우리로 하여금 근원적 사태로 거듭거듭 돌아가게 한다. 예술이란 무엇인지, 사랑이란 무엇인지, 더 나아가 인간이란 무엇인지 묻는 것은 오직 그러한 심미적 계기에 의해 발생한다.

자본주의는 유용성을 찬양한다. 쓸모없는 것은 곧바로 폐기해야 할 쓰레기다. 우리의 일상사 또한 도구성에 묶여 있다. 그리하여 기술이 세계를 지배함으로써 사물들 속에 간직되어 있던 내용은 시장의 교환가치로 해소되며, 심지어 인간마저 기술기능공과 생산도구로 전락해 반反인간화의 과정에 놓여 있다. 프랑스의 철학자 가타리Félix Guattri에게 인간해방의 문제는 자본주의와 뗄 수 없이 묶여 있다. "작금의 세상은 자본주의 이전의 주체성 곧 주체와 객체가, 외부성과 내부성이, 무한자와 유한자가 서로 얽힌 주체성을 '자본'으로써 질서 잡고 환원시켜, 납작하고 원자화된 위계적인 주체성으로, 차이를 중립화시켜

---

113   같은 책, 81-91쪽.

표준화된 주체성으로 만든다. 그리고 진, 선, 미 등의 초월적 가치를 '자본'의 지배 아래 이분법적 대립구조로 고정시켜 한쪽에 특권을 부여한다. 그리하는 것이 교환 원리에 부합되기 때문이다."[114]

그에 반해 의미의 옷을 벗고 존재의 맨몸으로 내달리는 시詩는 쓸모없다. 칸트의 아름다움은 이해타산에서 자유롭다. 프랑스의 건축가 추미Bernard Tschumi 또한 즐거움은 무용성에서 기인한다고 주장하며 유용성을 거부하고 무용성을 찬양한다. "가장 위대한 건축은 불꽃놀이다. 그것은 즐거움의 불필요한 낭비를 완벽히 보여준다."[115] 건축역사가 페브스너Nikolaus Pevsner는 목적이 "미학적 호소"인지에 따라 건축과 건물을 구분한다.[116] 자본과 권력에 의해 성립하고 자본과 권력에 복무하도록 요구받는 현실의 건축은 건축 불가능성에 직면한다. 유독 바타유George Bataille만 모든 건축 작품에서 감옥을 의심하는 것은 아니다.[117]

---

114 이종건, 『시적 공간』, 궁리, 2016, 96쪽.

115 Jonathan Hill, *Actions of Architecture: Architecture and Creative Users*, Routledge, 2003, 76쪽.

116 페브스너는 이렇게 썼다. "자전거 보관소는 건물이다. 링컨 대성당은 하나의 건축작품이다."

117 Denis Hollier, *Against Architecture*, MIT Press, 1989.

건축가의 도전은 무용성을 짓는 것인데 가장 확실한 방도는 뉴욕 건축가 우즈Lebbeus Woods처럼 순수건축 혹은 개념건축을 짓는 것이다. 낭만주의 화가들이 말짱한 건물들을 폐허로 표상한 것처럼 폐허를 짓는 대안도 있지만 실현하기 어렵다.

숭고와 접하는 아름다움, 곧 신적인 아름다움은 건축의 큰 도전이다. 본디 속성상 경계를 부정하는 '공간'은 그에 대한 가장 유효한 응전이다. "공간은 본디 장소로부터 빠져나가는 혹은 열리는 것이다. 거꾸로 말하자면, '지금 여기'를 빠져나가 '다음 거기'에서 열리지 않는 것은 공간이 아니다. 집처럼 우리를 안온케 하는, 구체적으로 규정지어져 질서 잡힌 '장소'와 달리, '공간'은 무한하고 추상적이어서 규정할 수 없다. (…) 무한하고 추상적이지 않은 것은 공간이라 할 수 없다. 바로 그러한 까닭에 공간이란, 우리의 모든 움직임을 가능하게 하는, 새로운 지평이 끊임없이 열리는 카오스라 할 수 있다. (…) 공간은 근본적으로 해방적이다. (…) 공간은 무한한 자유다."[118]

커플 건축가 김정주와 윤웅원은 〈가시리 조랑말목축박물

---

118   이종건, 『시적 공간』, 궁리, 2016, 17-46쪽.

관, 서귀포시〉에서 방문자로 하여금 그러한 공간을 경험하게
한다. 구불구불한 경로를 거쳐 문득 마주치는, 사방으로 확장
되는 옥상의 공간은 즉자를 인식하게 하면서 그와 동시에 필연
적으로 대자를 감각하게 함으로써, 즉자와 대자 사이의 틈으로
시적 경험을 야기한다. 지각의 한계를 넘치는 공간은 거대성으
로 정신을 고양한다. "정신을 고양하는 것은 모두 숭고하며, 정
신의 고양은 모든 종류의 위대성에 의해 산출된다. (…) 숭고성
은 물질이든 공간이든 힘이든 덕이든 아름다움이든 그것의 위
대성이 감정에 주는 효과의 다른 말일 뿐이다." 영국의 비평가
이자 사회사상가인 러스킨John Ruskin의 말이다.

살아 있는 자에게 죽음은 숭고의 확실한 계기다. 하이데거
는 독일 추상회화의 시조 클레Paul Klee의 마지막 초상화 〈죽음
과 불Death and Fire〉(1940)에 대해 다음처럼 말했다. "파울 클레
가 사망하던 해에 그린 두 작품의 원작을 보게 된다면 (…) 우
리는 그 앞에 오래 머무르게 될 것이며 직접적인 이해가능성
에 대한 어떠한 요구도 포기하게 될 것이다."[119] 가운데 백색 형

---

119   김동훈, 〈불안과 권태, 그리고 숭고: 하이데거 사유의 내밀한 빈터에서〉, 《미학》
제55집, 2008년 9월, 39-79쪽.

상은 아마 백골일 것이다. 흰색은 뼈의 색을, 그리고 알파벳을 눕히고 돌려 이목구비를 구성한 독일어 'Tod'는 죽음을 뜻하니 말이다. 왼쪽 위 모서리의 붉은 색은 제목으로 짐작건대 불일 것이다. 왼쪽 아래 모서리를 감싸는 백색은 백골이 팔을 들고 있는 몸처럼 보인다. 나머지 굵은 검은색들은 마치 장대를 짚고 불을 향해 걸어가는 사람 같기도 하다. 세 개의 짧은 검은색 선은 움직임을 나타내는 기호 같다. 전체적으로 이미 백골이 된 자가 화장되기 위해 걸어가는 자를 팔을 들어 반기고 있는 것 같은데, 모든 해석은 자의적이고 열려 있다. 진실로 뜻하는 바는 아무도 알 수 없다. 생의 마지막이 임박한 죽음을 앞두고 죽음을 그린 이 그림은 무서우면서도 애들 낙서처럼 천진난만한데, 이 또한 주관적인 느낌일 뿐이다. 보는 이에 따라, 보는 상황에 따라 느낌이 다르겠지만 죽음은, 그리고 죽음을 불러오는 작품은, 숭고하고 반성적인 판단의 대상으로 영원히 우리 앞에 머뭇거릴 것이다.

파울 클레, 〈죽음과 불〉, 1940

0

에필로그

유명한 작가의 작품은 터무니없이 비싼 가격에도 내놓자마자 금방금방 팔린다. 김환기의 그림은 수십억을 호가하며, 피카소, 고갱, 로스코, 폴락 등의 그림은 수천억대다. 그런데 천억짜리 작품은 십억짜리 작품보다 백배의 기쁨을 주는가? 백배의 예술적 혹은 심미적 가치가 있는가? 십억짜리 작품은 집만큼 가치가 있는가? 천만 원대의 그림은 자가용만큼 가치가 있는가? 일종의 투기상품으로 보는 것이 이해하기 쉽지만, 작품이 주는 삶의 가치는 헤아리거나 가늠하기 어렵다. 다만 돈이 신처럼 군림하는 세상이니, 고가의 그림일수록 예술적 가치가 더 크다고 짐작할 뿐이다. 우리의 삶도 그렇지 않은가? 부자나 유명한 사람이나 대학 총장처럼 높은 자리에 있는 사람에게서 삶의 길을 찾으려 하지 않는가? 그런데 그렇게 세속적으로 성공한 이들은 삶을 충만히 사는가? 진실로 좋은 삶을 사는가? 돈과 이름과 권세를 떠나 선하고 공정하게 사는 것은 아름다운 삶이 아닌가?

최순실 사태는 충격이다. 블랙리스트를 비롯해 충격적인 일이 한둘이 아니다. 그녀의 딸 단 한 명의 학사 비리로 총장을 포함한 15명의 교수가 신분상 조치를 당했다니, 세상이 도대체 어찌 되어가고 있는가? 그것이 만천하에 드러나기 전까지 아무 문제없도록 도왔거나 방조했거나 알고도 외면했던 수많은 사람이 '엄연히, 그리고 영광된 모습으로' 존재해왔다니, 얼마나 놀라운 일인가. 지식인을 포함해 사회 엘리트들이 사익에 붙잡힌 시정잡배와 한 치 다를 바 없다니, 진리와 윤리는 누가 책임지는가? 탄핵심판 앞에서 촛불과 태극기 양극으로 나뉘었던 대한민국은, 각자 자신의 신념에 부응하는 매체들만 믿고 다른 매체들은 불신하는 불통의 세계를 짓는 중이다. 듣고 싶은 것만 듣고 말하고 싶은 것만 말하는, 대화가 불가능한, 세력 대결의 장으로 변해간다. 사람들은 자신(의 앎)이 불완전하다는 사실을 도무지 인식하지 않는다. 세 명만 있어도 거기에는 반드시 나의 선생이 있다는, 다른 산의 보잘것없는 돌이라도 나의 옥을 가는 데 소용된다는 옛 지혜에 귀 기울이지 않는다. 그러면서 솔깃한 말은 또 너무 쉽게 받아들인다. '젊어서 진보가 아니면 가슴이 없고 나이 들어 보수가 아니면 지적이지 않다'는 프랑스의 속담처럼, 근사한 수사修辭에 쉽게 넘어간다. 근본주의는 우리 시대가 당면한 가장 위험한 문제 중 하나다.

이미지는 무소부재하다. 우리의 사람됨과 우리의 생활세계에 큰 영향을 끼친다. 옷 젖는 줄 모르는 가랑비처럼 알게 모르게 스며든다. 사람을 수단으로 삼는 시장체제는 '기계적 비인간'과 환경파괴를 가속한다. 종교와 예술마저 돈에 휘둘리고, 유행은 늘 우리를 등 떠민다. 때때로 반성적 판단을 실행하는 비판적 정신이 우리에게 절실하다. 근원을 묻도록 하는 신적인 아름다움은 우리가 선취해야 할 희망이요 구원이다.

· 김동훈, 〈발터 벤야민의 숭고론: 예술비평, 번역, 알레고리, 아우라 개념을
중심으로〉,《미학》제52집, 2007년 12월.

· 김동훈, 〈불안과 권태, 그리고 숭고: 하이데거 사유의 내밀한 빈터에서〉,
《미학》제55집, 2008년 9월.

· 데이브 하키,『보이지 않는 용』, 박대정 옮김, 마음산책, 2011.

· 이종건,『살아 있는 시간』, 궁리, 2016.

· 이종건,『시적 공간』, 궁리, 2016.

· 장 폴 사르트르,『사르트르의 상상계』, 윤정임 옮김, 기파랑, 2010.

· 존 버거,『다른 방식으로 보기』, 최민 옮김, 열화당, 2012.

· 파트리크 쥐스킨트,『깊이에의 강요』, 김인순 옮김, 열린책들, 2008.

· 하선규, 〈칸트 미학의 현대적 쟁점들(I)-목적론과의 연관성, 무관심성, 숭
고의 문제를 중심으로〉,《미학》제65집, 2011년 3월.

· 한병철,『아름다움의 구원』, 이재영 옮김, 문학과지성사, 2016.

· Alexandre Kostka and Irving Wohlfarth, ed. *Nietzsche and "An Architecture
of Our Minds"*, Gety Research Institute for the History of Arts and the
Humanities, 1999.

· Andrew Cecil Bradley, *Oxford Lectures on Poetry*, St. Martin's Press, 1965.

· Arthur Schopenhauer, *The World as Will and Representation*, trans. R. B.

Haldane and J. Kemp, Kegan Paul, Trench, Trubner, 1883.

· David Hume, "Of the Standard of Taste," In *Essays: Moral, Political and Literary*, ed. by Eugene Miller, Liberty, 1985.

· Francis Edward Sparshott, *The Structure of Aesthetics*, University of Toronto Press, 1963.

· Friedrich Nietzsche, *A Genealogy of Morals*, In The Works of Friedrich Nietzsche, Vol. X. ed. by A. Tille, trans. by W. A. Hausemann, The MacMillan Company, 1897.

· Georges Bataille, *Erotism: Death and Sensuality*, Walker and Company, 1962.

· Giorgio Agamben, *The Man Without Content*, trans. by Georgia Albert, Standford Univeristy Press, 1999.

· Immanuel Kant, *Critique of Judgment*, trans. by W. S. Pluhar, Hackett, 1987.

· Immanuel Kant, *Observations on the Feeling of the Beautiful and the Sublime*, trans. by John T. Goldthwait, California Press, 2004.

· Jacques Derrida, *The Truth in Painting*, trans. by G. Bennington and I. McLeod, The University of Chicago Press, 1987.

· Jacques Lacan, *The Four Fundamental Concepts of Psychoanalysis*, W. W. Norton and Company, 1998.

· Jacques Rancière, *The Future of the Image*, trans. by Gregory Elliott, Verso, 2009.

· Jean-François Lyotard, "The Sublime and the Avant-Garde," In *The Inhuman: Reflections on Time*, trans. by Geoffrey Bennington and Rachel Bowlby, Polity Press, 1991.

· Jean-François Lyotard, *The Postmodern Condition: A Report on Knowledge*,

University Of Minnesota Press, 1984.

· Jean-Luc Nancy, "The Sublime Offering," In Courtine, Jean-François and et al, *Of the Sublime: Presence in Question*, trans. by Jeffrey S. Librett, State University of New York Press, 1993.

· Jonathan Hill, *Actions of Architecture: Architecture and Creative Users*, Routledge, 2003.

· Judith Butler, *Gender Trouble*, Routledge, 2006.

· Mary Wolstonecraft, *Vindication of the Rights of Women: with Strictures on Political and Moral Subjects*, Cambridge University Press, 2010.

· Matthew Kierened, ed. *Aesthetics and the Philosophy of Art*, Blackwell Publishing, 2006.

· Maurice Merleau-Ponty, "Eye and Mind," in *The Primacy of Perception*, ed. by James Edie, trans. by Carleton Dallery, Northwestern University Press, 1964.

· Maurice Merleau-Ponty, *The Visible and the Invisible*, trans. Alphonso Lingis, Northwestern University Press, 1968.

· Michael Lempert and Michael Silverstein, *Creatures of Politics: Media, Message and the American Presidency*, Indiana University Press, 2012.

· Monroe Beardsley, Aesthetics, Hackett, 1958.

· Paul Ricoeur, "The Metaphorical Process as Cognition, Imagination, and Feeling," *Critical Inquiry*, Vol. 5, No. 1, 1978.

· Umberto Eco, *Art and the Beauty of the Middle Ages*, trans. Hugh Bredin, New Haven and London, 1986.

· Wilson Bryan Key, *The Age of Manipulation: The Con in Confidence, The Sin in Sincere*, Madison Books, 1993.

깊은 이미지

1판 1쇄 찍음 2017년 6월 5일
1판 1쇄 펴냄 2017년 6월 10일

지은이 이종건

주간 김현숙 | **편집** 변효현, 김주희
디자인 이현정, 전미혜
영업 백국현, 도진호 | **관리** 김옥연

펴낸곳 궁리출판 | **펴낸이** 이갑수

등록 1999년 3월 29일 제300-2004-162호
주소 10881 경기도 파주시 회동길 325-12
전화 031-955-9818 | **팩스** 031-955-9848
홈페이지 www.kungree.com
전자우편 kungree@kungree.com
페이스북 /kungreepress | **트위터** @kungreepress

ⓒ 이종건, 2017.

ISBN 978-89-5820-455-8 03100
ISBN 978-89-5820-413-8 03100(세트)

값 10,000원